傾聽風的聲音

目錄

拍攝地點/雙頭掛1-1號後花園

目錄

拍攝地點/伴我數十年寒暑，雙頭掛路旁小宅後花園/沈淩攝

澎湖的故事　在地的聲音

澎湖縣縣長　陳光復

　　2015年3月，光復受澎湖主持界名人蔡惠苓小姐邀約，為她在澎湖灣廣播電台專訪在地故事的《戀鄉情結》節目，首次集結成書《傾聽風的聲音》為序，這是光復上任以來第一本書序，寫的就為澎湖的種種，正勾連了光復對故鄉幾十年愛的情結。

　　蔡小姐《傾聽風的聲音》--澎湖的故事首集，集結七顆愛地方的心，呈現在地的民情、人文、文化與觀光。

　　故事中五個世居澎湖的人：議長劉陳昭玲、南寮村長趙嘉協、在地知名歌唱者林明勇、澎湖眷村文化園區推手商累愛以及舞蹈老師謝易伶的成長故事，栩栩如生描寫了民國四十至七十年代澎湖生長環境，許多場景令人觸動，彷彿回到兒時豐收的土豆園、回到庄坪上「凍」露水的暗眠、回到寒害時信手撈魚的海岸。

　　另澎湖國家風景管理處張隆城處長、平凡卻偉大的賣水人賴光明，感人的成長故事及奮鬥過程，展現社會正面向上的力量，足為許多人的典範。尤其讓人感動的是外地人來到澎湖後，對地方深深的情感和認同以及付出，見證了菊島的強大吸引力。

　　文內的幾篇隔頁，以菊島的風景或文化活動內容輔以新詩，讓澎湖的美麗更為凸顯，簡短的情境描寫彷彿引導旅客走入澎湖的世界，讓人眼睛為之一亮。

　　「傾聽風的聲音」，是一本不論是在地人、旅外鄉親、喜歡澎湖、想了解、一遊澎湖的人都必看的書，期盼這本書，能迴盪深遠，為澎湖的美增添更多色彩。

彷彿走進孩提的記憶

馬公市長　葉竹林

　　個人擔任馬公市長後，有幸與本書作者蔡惠苓結緣成為同事，雖然認識惠苓小姐的時間不長，但她那「靜如處子、動如脫兔」的特質卻讓我印象深刻，尤其聽聞其在工作上，總是全力以赴，凡事打拼的精神，令人折服；在待人處事上，總能恰如其份，親切有加，也令同事津津樂道。拜讀完惠苓小姐所撰寫《傾聽風的聲音》-澎湖的故事大作後，赫然發現在我們的市政團隊，竟還擁有這麼一位深刻瞭解澎湖海島住民文化，熟稔澎湖歷史發展軌跡的大人物。從文章內容中，發現作者文采洋溢，其個人活潑、直率的真性情也躍然紙上。令人讚嘆的是，作者在靜靜的角落裡，為澎湖的鄉土文化記載默默的耕耘及付出，在此我謹代表澎湖鄉親對惠苓表達內心誠摯的敬意。

　　著名詩人余光中教授為人寫序，總是先將書細讀，眉批腳註，頁頁紅筆勾塗，歸納成類，才動筆娓娓道出作者風格特色及文章精華。這次我為惠苓新書寫序，則是大姑娘上花轎，頭一遭，在此僅能粗淺地的表達身為在地澎湖人的心情感受：書中所描述的人物、文化及時、地，對我這土生土長的澎湖人來說，不僅僅是那份熟悉感，也喚醒了腦海裡真切的過往回憶，內心的那份悸動的情感不在話下，更重要的是，它讓你我感受到，能夠生活在這片美好的土地上的那份驕傲。

　　新書中惠苓用生動的筆觸，記下她豐盛的澎湖履跡

與體驗，所載情事看似平凡、自然，但其中卻蘊藏著偉大的哲理與生活真義，個人深信不論您是否為澎湖人，都會愛上澎湖的真、澎湖的善、澎湖的美。書中提到來自台灣的賴光明先生及張隆城處長，他們用生命真實的愛上澎湖的精采片段，在閱讀欣賞之餘，更令人喜歡與玩味。

　　最後謹向作者及生活在澎湖這塊淨土，在社會各階層默默地為澎湖付出，卻不求回報的志士與有緣人們致敬。

謹誌於菊島2015.3.22

東北風練志 鹹水煙磨心

前國防部兵工署副署長　陳增鎮

　　利用過年時間，在家裡仔細地把[傾聽風的聲音]首集讀完畢，表達一點讀書心得報告。

　　以前不認識蔡小姐，這次受她的文筆感動。她以七位人士的故事，串出她對澎湖的期待，或者說是她對自己家鄉的愛或夢想，我感受到她的用心。

　　小時候，長輩指著我鼻子說，要記住，澎湖人需要有[東北風練志，鹹水煙磨心]的心理準備。這一集的故事中，驗證了。所以，新上任的村、里長們，甚至資深的村、里長們，不妨買一本讀一讀（書要自己買才會認真讀），在原有基礎上，再參考南寮村趙嘉協村長的經營模式，從基層面把澎湖紮紮實實地翻轉，誰說澎湖不好？誰說澎湖建設不起來？現在的南寮村就是活力村。

　　風管處二十年來，帶領澎湖觀光經濟產業發展，我覺得每一位處長都很有功勞。書中描述這位張處長拓展的方向，感覺上務實而有力。澎湖大大小小旅館的董事長、總經理，旅行社的董事長、總經理們，不妨也買一本讀一讀，思考一下，一定會產生共識；運用淡季的時段，訓練觀光生力軍，磨練產生高品質服務行動，導遊們，在觀光季中，引導遊客體會，產生再來澎湖看看的心願。對在地的鄉親，宣導觀光信心，把每一座玄武岩都賦予神話故事，則功效就很大了。但是管（講）一支長長，雙頭掛，有突破的創意，努力犧牲奮鬥，必定成功的。在這裏可以看到澎湖翻轉的希望。

　　其他幾位人士的故事，都很了不起，值得鄉親或疼

愛澎湖的友人讀一讀，看看在這塊土地上，或喜歡上這塊土地的朋友們，如何突破困境，開創他們的成功事業。期望蔡小姐的[傾聽風的聲音]，激發[我愛澎湖]的務實有力黑洞旋渦。

馬宮人
陳增鎮

謹誌 於台北市
歲次 乙未年正月初五

為這片迷人土地作見證
序 蔡惠苓《傾聽風的聲音》

作家 李秀

　　惠苓要出書了，不過她以為我是天才兒童，要我二、三天寫出文字來，這是愛的霸道，也是愛的命令。有些不合理，尤其我剛得病上吐下瀉之後。愛是充實的生命，有如盛滿酒的杯。唸歸唸，我還是如痴如醉，舞弄了起來。

　　「妳真的在電信會館路旁等我4個鐘頭？妳不會打電話給我？」我驚訝。

　　「我想妳需要休息，不敢打擾。」她慣有的沉穩。

　　「笨呀，妳這樣叫人心痛！」我大聲喊著。

　　「360天都等了，區區幾小時算什麼。」冷靜得叫人心煩。

　　2014 年應文化局之邀，回到日夜思念的故鄉，講述《井月澎湖》的故事。一下飛機就興沖沖和建設處長參觀澎湖地標奎壁山分水的壯觀，忘記和惠苓事先的約定，也被強勁東北季風洗禮得東倒西歪。少帶保暖衣物，她的綠圍巾及手套，始終圍繞我回到溫哥華，直到此刻，她的溫馨始終飄蕩，像海水的呢喃低吟，繚繞在松林間供我傾聽。

　　2012 年我應馬公蘇市長之約和鄉親座談，之後接受她的訪問，我們成了好朋友。

　　「秀姊，其實二十幾年前我就認識妳了，家人拿著《井月澎湖》一直讚美，心想這作者真能飛天鑽地？」

推薦序

就看在這個情份,請用台語和我交談,因為講華語,咱美麗的澎湖腔就無去矣,這也是我轉來澎湖的條件之一,對我來講,故鄉澎湖腔口是世界上婧的語言。」

澎湖群島被譽為美得如上帝撒落人間的珍珠,獲名列全球「十大秘密島嶼」之一,當然,她的語言更閃亮如鑽石。

就歷史與地理而言,澎湖有特殊地位,不然馬關條約就不會將她專程拿出來定位,連日本天皇都必須到訪。日治時,澎湖是當時日本四大軍港之一,戰前很多佐世堡人(大姓大久保)移居澎湖,現尚可看到大久保書局、大久保百貨公司,還有澎湖黑糖粿的百年傳承。

其歷史更豐富,可惜主導權被台灣本島拿走了,至少日治初期,其歷史文化比台灣豐富。如能立碑,一座澎湖中心,襯托東南西北方位;一座北迴歸線紀念碑,不會輸給花蓮與嘉義的北迴歸線碑,並附上澎湖褒歌,台灣只有澎湖有其優越性,會有旅遊特色,盼澎湖走上國際舞台。

澎湖尚有許多發展空間,相信具遠見政治家,會為菊島帶來更輝煌成果。也許我們會有一座澎湖歷史公園,澎湖與荷蘭、法國、日本等國有深厚歷史情結。集其史料,將澎湖五百年歷史,造訪過的名人雕像放在公園中,如15位歷史名人,5位庶民,讓澎湖人與觀光客知道澎湖乃東亞重鎮。台灣尚未有這種歷史公園,讓新生代了解澎湖,這是何等迫切的歷史建構。

惠苓的「傾聽風的聲音」,訪問在地精英,如今結集成冊,為這片迷人土地作見証。但願她的聲音和文字,馳騁在藍天蒼穹,點亮你我的心房;她的愛,像潺潺流泉,衝破巖石障礙,不斷向前洶湧奔馳。

在風中湧動出島民堅毅與不凡

本書作者

　　歲月如悠悠長河，在每一寸記憶深處緩緩流過，為人生寫下註解。在這個土地貧瘠、環境惡劣的地方，孕育了許多堅毅的生命，如同勁草在牆縫中，平凡環境造就不凡的人，寫著不凡的故事，每一則都值得深深咀嚼。

　　離開故鄉的那年，是九月的開學日。我猶記得那秋風起兮，父親牧場周圍，隨著東北季風舞浪的枯黃長草，與母親沉默的孤寂，那動與靜之間的強烈對比在我心裡卻同樣流淌著初次離家的酸楚。

　　如果你一直記得、念得這島的風，即便離開她的領域，也會時時尋覓風蹤。在春分的花叢間，見她是否搖曳；在夏日的樹影下，感受她有無吹拂；在秋起的黃草上，看她可曾迎舞；在冬冷的方窗外，耳聞她有否呼呼。

　　但那尋覓，常令人悵然失望。因為這風，只在菊島四季分明。

　　2009年母親重病我返澎定居，結束28年尋風的日子，也展開我歸零起步的續段人生。

　　五年多來我努力以忙碌平復失去母親、失去生命中最重要支柱的痛，於是在正職工作外排滿行程，主持活動、廣播節目還有授課，生活中幾無暇日。我以付出之心、義工之為，感恩這片孕育我成長，也給我陪伴母親最後一程機會的土地。而這樣的忙碌卻也為我帶來更開闊的心情與溫馨的人生，更達成母親離世前自許要快樂生活讓她安心的願望。

自 序

　　《傾聽風的聲音》這本書，更是以忙碌修復心靈的延伸—我的談話性專訪廣播節目「戀鄉情結」部分內容集結。

　　在這個節目裡，我專訪了無數與澎湖相關的人士。訪談過程，常讓我憶起童年生活的片段，或想起曾由父母或長者口中引述的早年生活，有時也如身在當時地一次次經歷不曾接軌的人生，每次訪問，我的腦海裡都充滿許多的場景，如同也履歷了各種不同的生涯，豐富且精采。

　　因為裝滿了一則則觸動心靈深處的故事，因此集結成書，希望藉由文字，藉由迷人的紙頁，讓這些故事長遠流傳。

　　首集，我選寫了七位朋友的故事。

　　南寮村長趙嘉協對於社區營造的用心與他的童年鄉村生活，讓我頗有共鳴；現任澎湖國家風景管理處張隆城處長，獨立的成長故事以及來澎後對觀光推展的用心，讓人感動；平凡卻知感恩的賴光明淒涼的童年，與成為澎湖女婿後對地方的回饋令人動容；全國在位最久的議員劉陳昭玲議長，有趣的農漁村生活與愛情故事中，看得見她強力問政外的柔軟；末代里長商累愛的眷村生活點滴與投入文化保存工作，可以見得他對故里的深愛；生命因歌聲而燦爛的林明勇，豐富的工作經歷，每一段都遇有鮮事；由教授舞蹈至經營冰品的謝易伶，回鄉創業之路光彩復崎嶇，卻堅毅如秋日裡，搖曳風中的野菊。

　　這「戀鄉情結」裡的每一則故事都令人動容，也都展現了人生中不同場景的美麗。

　　《傾聽風的聲音》這本書的成型，除了採訪撰寫，

自 序

　　封面封底的設計、內頁的文字及美術編輯，我都一手完成，因無三頭六臂，花費了相當長的時間才讓它得以付梓。

　　至於書序，要謝謝澎湖縣大家長陳光復縣長，以及我服務單位的最高長官--馬公市葉竹林市長的推薦。另外，常以故鄉名自稱為媽宮人，曾任陸軍兵工學校校長、國防部兵工署副署長，受到許多澎湖旅台鄉親愛戴與尊敬的文人將軍，陳增鎮先生；還有旅居加拿大溫哥華，已出版十數本著作，且多次得獎的澎湖外埕裔作家李秀小姐，不吝情提筆推薦。

　　《傾聽風的聲音》是一本易懂易讀的故事書，如果你經歷過書中人的生活，希望這書能引領出你甜美的回憶，如果你未曾走過與他們相仿的歲月，也願這些故事能帶給你一些啟示。

　　最後，我要感謝家人對我滿滿的愛，沒有這深濃的情感，我走不出一個早該抽離的漩渦；感謝澎湖灣廣播電台陳明山董事長及NCC的幾位長官，給《戀鄉情結》的支持力量；感謝聯合報資深記者蔡宗明，給我有關出版的種種指導；感謝謝愛陵先生，一字一句斟酌地多次細心審稿。

　　感謝我澎湖社區大學廣播電視製作班的學生，一次一次地陪伴專訪；感謝柳言敏老師及本地的三位美術工作者洪閒雲、陳正筆、呂國正提供作品以為封面及插畫；感謝許多提供珍貴照片的朋友，更衷心感謝贊助此次出書，紀天送及幾位低調得不願具名的好友；感謝所有協助這本書出版的人、感謝閱讀這本書的讀者；感謝天！

轉不停歇底歲月

圖.文/沈淩

輪迴在生生世世
不甘擎不住
　　　一朵雲
以匆匆地腳步
不停歇底　奔天
左轉用以生風
右旋以計歲月
誰又能
美麗千百個春天？
如是問雲
以它不曾休止底
　　　喘息

澎湖中屯

澎湖的風，春夏宜人，秋冬強勁，各個季節皆有不同
迷人韻味。白沙中屯與湖西北寮的巨型風車，襯著蔚
藍青天與雲羽，在夏日的風中緩緩輪轉，旅人每每忘
情戀棧駐足……

沈淩詩卡006

鄉情

圖。文/沈淩

牆垣
在流逝的歲月
中頹圮
那印記猶在
殘磚破瓦
訴說著戀鄉的
深情
那遊子的鄉愁
啊深痛在那
小小的碼砧

整修前的二崁，勾起澎湖人對童年居住環境的記憶，想著那裏的風，想著那裏的土，更想著那裏的人，這樣的情結組成對故鄉的深戀，終生不移。

虛實如夢

圖.文/沈淩

岸上底枯木
如我
即便那驚喜已近蕭落
依然
靜靜地等候
光影來時
將緩緩出現
底你
那柔情倒影
是你底心
真切地恰如擁有
卻遠的塵外夢幻
我底心
已聆得深處
如火旦鼓律底跳動
揮手輕觸
卻成虛無

一雙玻璃鞋嵌在心間
如午夜魔咒
手抓片段
鐘響十二嚮回塵俗

目送青鸞
便成陌路
再靜默、冷冷地
等待下一個未有底歸期

澎湖馬公山水濕地候鳥群聚。中央小沙丘的植木，在冬季殘葉落盡倒影水中，虛實相映頗富詩意。

在悠然的古味中　延展南寮的新里程

趙嘉協的原鄉之愛

Ling

　　我與南寮的初遇，在陌生鄉道踱步，在原味古厝間穿梭，微雨的長巷，濕潤的陳舊壁面，都讓這雨中的心情，充滿詩意……

趙嘉協

農家子弟 困窘的當代生活

趙嘉協，民國43年出生於澎湖縣湖西鄉的南寮村，受訪這一刻，他虛歲六十。長臉上大眼挺鼻，立體的五官不難看出他年輕時的俊俏。

南寮這個地方，位在湖西鄉的西北隅，到北寮奎壁山風景區的必經路上，從馬公市區車行，約20分鐘可以抵達。

在清朝時期，曾是「奎壁港社」（今鄉公所）所在地，顯見當時曾有一度風華。

但因臨海的地域極少，早期全村幾乎以務農為生，部分人口投入勞力工作。沒有特定風景點、沒有澎湖最大經濟收入的漁業，僅有的農業收入使得居民謀生不易，因此成為湖西鄉人口流失最嚴重的村落。

這個村落的居民，有許多到台灣「討生活」，以建築及木工最多，全盛時期，高雄地區有十幾間甲級營造公司，老闆都是南寮人。

從小在這裡成長的趙嘉協回憶兒時：「以前，人口有兩千多人，還算熱鬧，目前戶籍人口只有七百餘人，實居五百餘人。」這實居者幾乎就是老人與小孩了！

家裡務農的趙嘉協，小時候不例外地也要從事農務。

父親除了種菜也賣菜，前一天黃昏從菜宅裡收成的蔬菜，要速速整理裝綑，以便翌日販售。

想起父親的辛苦，他悠長深遠。

「他總是凌晨兩點就起床，將昨天採收整理的青菜灑水，讓它恢復鮮麗，再裝放在『鐵馬』的後座，從南寮一步步踩著腳踏車，到馬公市場賣菜。」

那個年代，這條長路上並沒有路燈，光線的來源，要靠「鐵馬」前圓錐形的頭燈。而頭燈並非以乾電池或自然發電，燈源的亮度全賴雙足踩踏。踏得越勤邁，照亮距離越長，速度越慢亮度相對減低。

有時迎著月色，在萬籟俱寂的鄉道獨騎倒也順暢，倘因疲憊而腳力不足，微弱車燈卻遇上月色無光的夜晚，「摔車」便不足為奇了！

農務是辛苦卻收入微薄的工作。白晝在烈日下揮汗，晚上還得驅車趕在天亮前到市場賣菜，所有的時間都投入了工作，偏偏能睡覺的時間又是那麼少。

趙嘉協記得當時白蘿蔔價錢：「菜價看好的時候一斤是五塊錢，差的時候才賣兩塊。」

這樣的收入讓許多農家子弟無法繼續求學，女孩子大部分在國中，甚至國小畢業，就到高雄的成衣廠工作，賺錢貼補家用。

因為繼續升學的年輕人並不多，同齡中讀澎水的孩子只有他一個。他深深記得，每逢註冊前，母親挨家挨戶

17

向鄰居借錢的情景。

除了幫助家裡的農事，趙嘉協也常與村內的孩子，走一段不算短的路到海邊去捉魚。

他們在海邊水淺的地方架起漁網，帶著竹竿，全部人圍成圈圈將魚群趕進網子裡。

趙嘉協形容趕魚時海水的深度：「有時必須撐著竹竿游泳，才能將魚順利趕進網內。」

這樣的「竹竿」游泳法，該算是特技演出了！

而當年普遍經濟收入低，每個家庭的餐飲簡單，大部分人並無餘力購買鮮魚為配菜，因此捕得的漁獲都以自家食用為主，並未販售。

如此食多取多，食寡取寡，不販售所以不會多捕，大自然資源有充足的時間可以養息育產，便取之不竭。

「以前的資源比較豐富漁獲很多，收完網後大家再平分這些漁獲帶回家。」

高中前的成長歷程，趙嘉協都在南寮村度過。印象中古厝因為許多人舉家遷台，一間間變成空屋。

民國39年，政府撤退來台，許多軍人跟著駐紮在澎湖。村內的空屋，後來成為軍人借住的營舍。

小時候，村子裡住有不少外省兵，趙嘉協常和軍人玩在一起。

過年期間，軍中的舞龍及舞獅隊，常常鏗鏗地擊著鑼鼓，沿著村落挨家挨戶舞龍舞獅，驅邪「鬧熱」。他和村內的大小孩子，常是隊伍的跟班。五彩長龍和有著毛

18

絨四腳的圓頭獅，在孩子眼裡充滿新奇。

　　普遍的困窘經濟，讓孩子們除了三餐幾乎沒有額外的食物。饅頭夾菜的滋味趙嘉協猶記在心。

　　「軍人的饅頭，小時候吃起來特別甜美！」對40年代的孩子而言，那是珍饈了！

曾有的魚灶風華　為南寮昇起縷縷炊煙

　　南寮的魚灶，曾有一段時間的興盛期。但目前僅餘趙福謙岳家的一座許家魚灶，三口燒灶的煙囪依然挺立，觀光客來時，啟動當年的回憶，裊裊炊煙在細雨中，彷彿回到盛期。

　　「初中時，南寮村有四、五家魚灶，家裡及姊姊夫家各有一座，我常常幫忙釘製魚箱。」

　　原來早期塑膠業並不發達，裝魚都採木箱。

　　他們買來木材，自行裁鋸、釘製。趙嘉協負責的便是這部份的工作。

　　魚灶蒸煮的魚種以「臭肉魚」為主，整個製造過程約有三、四道手續。

　　一早魚灶主人要到鄰村，等待漁船歸航，船舟一進港，便大批購買，用卡車將一籠一籠新鮮的漁獲載回南寮。

　　魚獲運到魚灶，灶煙已經裊裊升起。

　　女工們在井邊將魚洗淨，一尾尾臭肉魚頭朝下尾朝上，整齊地疊放在圓形斜側的竹篩內，最後灑上

大量的粗鹽。

　　頭朝下尾朝上，是防止在煮魚過程中滾水的力道推開熟肉，肉骨分離賣相變差。粗鹽量多也讓魚能夠保存更久。

　　魚灶的火候正旺，在粗枝材下的是乾土豆殼與木材刨削等易燃物，用意在引為火種，「猴牌番仔火」（火柴）是當年必備的起火材料，因此每個煮灶的柴火入口旁，都有一小格的方形凹槽，用來放置「猴牌番仔火」。

　　大鍋裡淹過魚身的水滾，鍋蓋側邊冒起白煙，女工將裝滿魚的圓篩入水，蓋下鍋蓋，等待另一次沸騰。

　　看似簡單的煮魚工作，還是得具備基本的知識。

　　煮太久，會失去魚的鮮味及嫩度，又不能不夠「累」（澎湖腔音不夠熟的意思），讓紅血未消，吃來噁心。如何掌握，就在魚眼突出與魚皮起泡這兩大要訣。有經驗的女工，只要翻開鍋蓋看上一眼，就知道能不能起鍋。

　　煮好的魚要一尾尾整齊排列在曬網上，讓澎湖夏天的烈焰，迅速收乾部分水分，中午過後就要開始裝箱。

　　這樣的一日乾不致太硬，卻因多鹽而容易保存。

　　煮魚的湯汁在當時也不容浪費，許多貧困人家，魚汁和著稀飯大扒入口就是他們一天最珍美的一餐。

　　因此魚離鍋後，這些魚汁就用三角椎型的「鱟匙」（勺子的澎湖腔音）舀起，倒在鍋邊的弧形溝道，讓它順著凹弧，流入魚汁漕，以便讓村人自取。

　　有了魚灶，農業村落，開始有漁業的發展，帶動經濟的繁榮。

　　「大概是我國中二、三年級的時候吧！南寮的「撒湖」（煮魚的澎湖腔音—煮魚曬魚乾的行業）相當興盛，

讓許多村民多了一項經濟收入。」

　　趙嘉協十五、六歲時是南寮魚灶的鼎盛時期，每個魚灶每天大約要蒸煮一千斤的魚。這讓辛苦工作的魚灶女工的收入不差，好的時候一天可以有25元的工資，算是對家庭經濟一筆不無小補的幫助。

　　只是經過四、五十年後，魚灶的灶火漸漸減了，大部分已被拆除或頹圮。南寮村僅餘的許家魚灶，斑駁的牆面記載著當年的繁盛。

　　三次造訪南寮，都在到達不久後便淅瀝瀝地下起雨來，這雨似乎在告訴造訪者：來一次怎能就此認識南寮，來兩次也僅是點水一試，來三次又如何能進得了南寮的心，所以，妳(你)得多來幾次……

　　走訪魚灶體驗當年蒸煮的清甜，仍然適逢雨天。

　　其實在我們體驗水井汲水到菜宅澆菜之前，天空雖然灰階，卻讓氣候清涼，魚煮好了，雨也開始灑下。

　　我們在魚灶內的屋簷下聽著雨聲，啃咬著剛煮好的青鱗仔，眼見魚灶的煙囪挺立在雨中，歷史的塵垢被洗淨，以清新的面貌面對今人，開始下半個世紀傳承的任務。

豐富精彩的童年　奠定玩伴間的深厚情感

　　童年的生活，對趙嘉協而言是豐富且精彩的：「村內的小孩子都玩在一起。」

　　這些孩子一起長大，上學時同進同出，各家農事也互相幫忙，閒時就玩在一起，陀螺、彈珠、圓紙牌和橡皮筋，在當時是「資產階級」才有能力擁有的玩具，但各式各樣自製的童玩和遊戲方法，已能滿足孩子單純的心。

　　「鄉下的孩子反而有創意，很多東西都能創造出玩

具，很多廢棄的物品都能拿來玩。」趙嘉協的童年玩具，有很多是DIY創意出來的。

是啊！在物資艱困的年代，資源都被充分利用，不容「拍損」（浪費）。

小孩子思考能力和創意佳，木製的圓線軸，加上一條橡皮筋和前後兩根小木棒，就是自行前進的小戰車；敲平的酒瓶蓋，可以拿來彈玩，或者中間鑿個洞，穿上棉線，運用兩邊拉力的運轉，是好玩的風火輪；摔壞的破碗塊，是玩跳房子穩固的拋仔，即便連芒果、龍眼、橄欖等水果的種籽，都「發明」出各種專屬的玩法。

至於遊戲，那更多了。

殺兵、過五關、佔土地、騎馬打仗、爬樹、抓蚱蜢、金龜子和沙蟲……數不勝數。即便是相約拔草當柴火、掘風茹草和抓魚，這類家庭日常所需的活兒，都是遊戲。

總括看來，那個年代孩子的遊戲場是整個村落，甚至村落外圍的旱地。單純、知足，讓他們活得快樂，同儕間的情感，是「從小玩出來的」。

「好像除了睡覺，其他時間都在一起？」我想像如此。

「其實，我們連晚上都睡在一起。」趙嘉協笑了。

是啊！我想起父親曾提過：那年頭，天氣太熱時，大家夜晚相約在「磚坪」上睡覺，等到被露水侵醒，方才回到屋裡繼續下半夜的睡眠。

談到「磚坪」，現在的孩子或許一頭霧水，三、四十年甚至五十幾年初出生的孩子，對它卻有很深的記憶。那是澎湖特有的建築模式，古式三合院兩邊廂房的屋頂。

台灣的三合院住宅，兩側廂房與正廳都採斜瓦式建

築。澎湖的三合院屋頂，除了正廳是以斜瓦建蓋，兩側廂房與目前平房一般，採平式建造，台語便稱為「磚坪」。

「磚坪」的用途，用於做曝曬各種作物。

地瓜簽、高粱、黍、麥，甚至能耐澎湖嚴候的高麗菜、大頭菜、白蘿蔔和花椰菜等作物，都在「磚坪」上接受澎湖烈焰的洗禮，不消幾日便成乾貨易於儲存，做為一整年缺乏新鮮食材時三餐桌上的佳餚。

「磚坪」這個地方，可以說是澎湖人「物」盡其用的代表性例子。與現代水泥建築平式屋頂不同的是，「磚坪」的「地板」，鑲嵌有古式正方形紅磚瓦，若論意境，還真是澎湖古厝另一角令人回味無窮的風貌呢！

前人一步一步走過來時路的辛苦，可以從每一個生活的點滴觀其一、二。

五零年代之前物資匱乏經濟普遍困窘，煮飯都用大灶。澎湖風大樹木不易生長，如何生材火便考驗先人的

智慧。

　　趙嘉協回憶：「當初澎湖的土地上很難有野草叢生，不像現在的土地被雜草和銀合歡佔滿。」

　　除了畜養家畜，青草長到一定長度，就被拔起曬乾儲備為燒材。銀合歡更被充分利用，葉子用來畜養，支幹當柴燒。許多孩子常相偕去拔草，也是一種工作中的遊戲。

　　如此匱乏的環境，電氣當是一種大多數人都買不起的「奢侈品」，一把圓扇就是最寶貴的消暑工具。

　　夜晚，吸了白晝烈焰的屋裡熱氣逼人，而「磚坪」上了無遮蔽，涼風吹來正好眠，當然比房裡更為舒適了。

　　朝夕相處，建立了村內孩子深厚的情感。

　　兄弟姊妹不再限於直系血源，村落裡年齡接近的孩子都親如兄弟，長大後即便各分東西，返鄉時依然會積極「相找」(澎湖腔音互找的意思)。

　　從小建立的情誼，不因時空變異，歲月累增或距離而疏離。見面時依然熱絡親切，彷彿一切回到從前。

從勞工到警務　猶如戲劇轉場

　　澎水畢業的趙嘉協並未繼續升學：「當初資訊少，

趙嘉協

以為未來不是保送海洋大學就是軍事學校，但父母不喜歡我當兵，連當警察也覺得危險，也擔心警務工作，為了執法容易得罪人。」

　　他隻身到台灣服兵役，退役後便留在台灣工廠工作一年多，「升學」似乎離他越來越遠。

　　在一個偶然的機緣下，他參加警校考試。

　　「其實我的個性比較有正義感，也希望能有機會回鄉。」趙嘉協果真是個愛鄉的孩子。

　　雙親都在澎湖，除了已經出嫁的姊姊，他是獨子。

　　那個年代，只生兩個孩子的家庭還真是「少數民族」，一個家庭起碼也有五六個孩子，有些家庭甚至成「打」，多子多孫多福氣嘛！

　　求學時功課不差的趙嘉協，也考上保二中隊，正巧當時湖西油庫有職缺，警校功課名列前茅讓他可以優先選擇，回鄉之路相當順遂。

　　離家近的工作非常悠閒，他每天騎腳踏車上下班，享受澎湖鄉野的自然與舒適。

　　之後趙嘉協請調至澎湖縣警察局，陸續在外垵、興仁都待過。

　　光復至民國五、六十年間的警務人員，非常權威，也

很受尊重，被稱為「大人」。

　　彼時的公務員收入少，經濟並不寬裕，但身為警察子女很有優越感，因此言行舉止都很嚴謹。畢竟「大人」得先教好自己的孩子，因此「大人的孩子」們都得以身作則。

　　趙嘉協擔任警務工作時也很受尊重。

　　「早期剛當警察那個時代，老一輩要進派出所，都主動脫鞋赤腳進入。」

　　「警察廳耶！」當年人們思想單純，對警務人員充滿敬仰甚至畏懼。

　　趙嘉協也以「警察」這個工作為榮：「村裡有廟會活動，警察常是他們的座上賓，在戲棚前的第一排，還安排貴賓席讓警察觀戲，很有優越感、榮譽感。」

　　至於不守法的居民卻很怕警察。

　　玩個小牌遠遠看見警察由遠而近，便急匆匆的快速藏好「賭具」後閃人。

　　警察工作是真正的人民褓姆，因為它深入地方，熟悉村裡大小事、瑣碎事，也要關心、服務村民。

　　趙家協喜歡當年的生活：「在澎湖比較單純，我常常在查完戶口時，順便買了菜，中午時在派出所煮午餐給警員一起吃。」

　　「澎湖發生最多的『違法』事件，不外乎是賭博。」他笑說：「常常四個『賭徒』加起來好幾百歲。」看來，以賭為消遣，非職業的「老賭徒」還真不少。

　　澎湖的漁夫，不能出海的日子，「休閒活動」不是賭就是酒，雖然以消遣成分居多，但執法者還是必須要依循法律處理轄區內的事務，所以抓賭似乎是警察的常態工作。

　　回鄉的生活，不但能照顧年老父母，還相當愜意。至少不必像部分縣市，偶而要在槍林彈雨中度日，趙嘉協慶幸自己當初的選擇。

　　如果說考上警校是他人生最重要的轉變也不為過。

　　在工廠繼續工作的趙嘉協與當警察的趙嘉協，思維必定不同。但不論走哪一條路，愛鄉的「趙嘉協」是不會改變的，警察退休的趙嘉協村長，會做古蹟文化的留存，在工廠數十年的趙嘉協村長，也許做的就不是這個區塊了。

先人的足跡 根存的歷史在村落中殘立

　　退休前幾個月，趙嘉協決定競選村長。

　　九十九年四月退休，他投入六月的選戰。兩個月的時間就贏得這場選舉，足見在村落中的人品及能力是受肯定的，村民顯然放心地將帶動社區前航的舵槳交給了他。

　　他回憶說：「當初一起競選的是村裡的許姓候選人，我找他談，達成共識要做一次乾淨的選舉。」

　　他心裡篤定，如果對方選上了，自己就全力協

助他。

　　所以除了文宣
及30元以內的紀念
品，這次選舉並沒有
太多額外的花費。

　　會決定投入村長
的選舉，是因為在警

員工作時，曾在澎湖許多地區服務過。走過澎湖各地，遇
到許多鄉親朋友，很多人去過北寮奎壁山、也到菓葉看過
日出，卻不知南寮是何地甚至連聽都沒聽過南寮這個地
方。但到這兩處風景區都要經過南寮，是謂過村門卻不知
已入其境。

　　趙嘉協決定要為故鄉做一點事，至少不能讓人無視
於南寮的存在。

　　其實村長的職務與警察工作有部分相通，都得對村民
的狀況瞭若指掌，也都是協助、照顧村民的褓姆工作。

　　這方面，當了幾十年警察工作的趙嘉協，已經習慣
性的這麼做了。

　　至於古厝、古井、菜宅、魚灶等這些澎湖常民生活
印記的維護，在選前趙嘉協已經決定要做，而且古厝要
以原味來做保留，不加入新的建築材料。

　　「南寮古厝很多，我看到鄰村一間一間的拆了，心
裡有點痛。又看到二崁改建得很好，非常心動。但我想
留住原味，不想讓現代的建料遮去它原始的美麗。」這
方面趙嘉協早已有了定見。

　　歐洲極目所見的文化財，讓當地擁有豐富的觀光資
源，舉凡教堂、古式建築、雕塑、迴廊，維護得相當用

心。在許多旅客心中，旅遊途程中的美，不僅是眼見各種風景秀麗，當地的文化特色更是拉近人心距離的利器。

美麗的歷史建物是一個地方深厚文化生命力的展現，來到一棟古建築，卻能感受它的歷史行跡，它的生命故事。當可觸動人心、感動震撼，令人彷彿回到它風華的當年。

這樣的旅遊文化更對地方有幫助，能讓旅遊深入、也更有廣度。

而因為感動，更能引出遊客情感的認同，便能牢牢地攬住一個人的心。

於是，旅客會一再回流。

因此，新的建築體不必急著多建，但舊房，小古井，菜宅圍牆，石敢當甚至澎湖常民生活的文化，若不費心思去做保留，多年後便化霧成煙。

而澎湖號稱以觀光立縣，這文化財的保存，是真要多費心思了。

我們眼見一棟棟古厝日漸頹圮，還留有殘牆的，卻淹沒在荒煙蔓草間。

說得嚴重一點，鄉間曾幾何時已林立許多令人夜晚經過，儼然如書生甯采臣進京趕考借住的鬼屋。這令人心生悽然的古厝，也常在「安全」與「觀瞻」考量下，毫不留情地被「怪手」一一夷平，僅留下許多令人心痛不捨底唏噓。

其實，這些古厝、文化，對澎湖人而言，不僅是吸引觀光客感動的元素爾爾，更是我們先人足跡、根存的歷史。而歷史在我們心中到底留有多少烙印，是如雲煙消逝？或深深根扎在我們的心底？沒了歷史，你、我，

又是甚麼？

因著聽聞趙嘉協擔任村長期間，對村內古厝的整理與原貌留存投入相當多心血，我數度走訪南寮。

眼見他將古厝內的銀合歡、雜草以及廢土清理得相當乾淨整齊，這樣的用心確實令人感動。

居住在澎湖鄉間，五十年代中期以前出生的孩子，都清楚銀合歡的生命力到底有多強勁。

它有相當粗壯的長根，剷除時若未掘到深處，來年又是英雄好漢一條，等於前年的剷除動作是一次白工。

頹圮的古厝裡，常是滿滿的銀合歡和雜草。

至於廢土，在日積月累「積沙成塔」的功力下也不遑多讓。

因此，對南寮村是如何做到剷除古厝內的這些「頑劣份子」，我非常好奇。

「我們是用內政部的社區空間營造計畫經費來推動。」趙嘉協解釋道。

「社區空間營造計畫」的經費是撥款給社區發展協會，里長無權過問。趙嘉協能夠一起運用這筆經費，推動社區改造，顯見南寮村的村長與社區發展協會陳有擇理事長是合諧共進，一起推動社區發展。

兩個主事者不和諧，便無法造就一個村的大團結。

村長與理事長合作，一

加一絕對大於二，推動社區向上發展，便是社區之福。兩者不和諧，不僅是力量減半，互相拉扯的結果更會讓社區發展的動力頓落，相當可惜。

但除了和諧，還得目標相同。

南寮村村長與社區發展協會理事長目標一致，都是為了社區整體發展而努力，把個人自我放在後端。難怪社區短短兩年就令人刮目相看。

「都是為了鄉里做事情，如果一個想做，一個不做就會產生阻礙，影響村內建設。」趙嘉協是這麼認為的。

因此他也投入社區發展協會擔任理事。理事長平日有正職工作，很多事情就交給他處理，「兩長」協調共同為社區賣力，理念相同便能密切配合。

歷史湮滅不再復返　用心根留原味南寮

現實上，澎湖古厝產權很複雜。

像南寮村111號，也就是交給文化局主管，已有八十幾年歷史，建築且深具特色的「許返古宅」，就有三百多個所有權人。

整理古厝並非村長一聲令下，召集幾個有心人士，就可以開始整理，這過程當中究竟要經過多少曲折？

「社區空間營造，利用到任何一塊私人土地都需要有同意書。」趙嘉協解釋道。

首先需要經過溝通協調，很幸運的這樣的工作並沒有遇到甚麼阻礙，唯一令人傷神的是許多所有權人都在台灣。

其中一家，十幾位所有權人都不在澎湖，且散居在台灣南北，要一次找齊是一大困難。

　　興奮的是同學趙元派也是所有權人之一，於是趙嘉協商請同學幫忙，把十幾份同意書寄給他，趙元派便熱心地從台灣北部到南部跑了一圈，一個一個幫他簽好十幾分同意書再寄回澎湖。

　　「過程中都有貴人啦！很順利。」趙嘉協相當感恩。

　　簽好同意書後，便要著手整理古厝、古井以及菜宅。

　　古厝一整理，光廢土廢棄物，就有一、二十卡車。他們先割除長草，再用鋤頭將棘手的銀合歡一一連根掘起，過程中還得一邊清除廢土，一邊搬移古厝內的垃圾雜物。

　　整理出垃圾，先倒進「犁阿甲」(澎湖腔音，一種兩輪的手推車)，再一車一車推到卡車旁，由卡車載走，十幾個人清理一間古厝要花四、五天的時間，過程相當辛苦。

　　至於古井的再生，需要土水師傅和小工；菜宅，則保持原貌，除了頹圮的要再砌回原形，大致上是除掉長草與垃圾，讓它再現當年的樣貌。

　　這些看似簡單，卻也相當棘手的工作，人力與物力都必須大量投入，哪來的經費和人力。

　　趙嘉協解釋：「社區空間營造計畫的施行必須在社區成立一個工班，村內有一、二十人加入。」

　　南寮村民中有許多從事建築工事，師傅和小工都不成問題，至於整理古厝，則由部分村民合力處理。

　　工班的經費來自「社區空間營造計畫」，讓社區村民投入自己社區的營造，親手修建家園，情感凝聚更為深厚，又可以擁有部分收入，可以說是一舉數得。

　　但處理公共事務，常會出現許多不同的聲音，南寮社區難道得天獨厚沒有阻力？

　　「阻礙倒是沒有，只有部分較無古物保存觀念的長者

認為：「拆掉就好何必費那麼大的功夫整理。」趙嘉協想了想：「經過溝通，且陸續整理乾淨後，長輩也很認同。」

　　「拆掉就好何必費那麼大的功夫整理」，這也是澎湖村落古厝，一間間被拆除的原因。

　　而南寮社區的古厝經過村人協力整理，展現古厝令人迷戀的生命力，每一間房厝都蘊藏著一個個令人動容的故事與長思。

　　來到南寮，村道兩旁的牆頂，立著一顆顆村民DIY親手繪製的廢棄漁用浮球。圓球，呈現了不同繪主的心情風景，成功地抓住旅人的目光，宛如向訪客招手說：來吧！走近南寮就可以看見澎湖歷史文化的縮影。

　　井邊的菜宅，花生與玉米翠綠迎人，魚灶的煙囪緩緩升起陣陣白煙。

　　在斷垣殘壁間駐足，感受到它歷史的深遠。

　　彷彿回到數十年前，那桂花巷內，婦女端著圓篩，在竄入長巷的涼風間「撿土豆」的情景；也彷彿聽見孩子從屋側、正廳與廂房間的拱型側

門，笑聲如銀鈴般，追逐著一戶穿過一戶；或者依稀耳聞，「天井」的落雨聲，那水珠滴滴答答地自瓦間墜地，讓一地濕潤如女子水汪多情的眼。

那想像空間、古今交會的美麗，在心中盪起漣漪一波波⋯⋯

以經濟遊程，展現澎湖農村觀光潛力

免費遊賞感受歷史與人文，對遊客而言當然是最經濟的旅程，但對沒有大景點可以創造村內經濟發展的南寮村，確實有所不公。

南寮以其特殊的澎湖元素定位發展，已在國際間打響知名度，澎湖許多單位辦理研習課程或者在地體驗的活動，南寮便成為不二之選，許多資源自動靠攏，南寮已走出之前備受冷落的悲情。

至於觀光發展，目前規劃有半日遊的行程，包含魚灶煮魚過程的體驗、坐牛車遊村景、菜宅導覽等，整個遊程約兩個小時。

趙嘉協也規劃要把南寮的農業加入半日遊的行程：

「如果適逢有機農場收成的季節，還可以讓遊客大飽口福，感受一下現摘現吃的樂趣。」

其實，南寮村的旅遊行程最大的瓶頸，來自

於目前村內年輕人不多，且觀光推展剛起步，人才欠缺。加上位置偏遠，湖西這個地方又沒有可以容納較多遊客的大餐廳，飲食不便，便成為半日遊的另一項困境。

「這部分最近已經開始著手計畫。」趙嘉協說：「整理古厝時，有一間屋型完好的房子，廚房大灶、煙囪都還保留住原形，有計畫運用這間古厝提供旅客餐食。」

趙家協計劃與澎管處合作，運用這間古味原存的房子，提供在地特色的古早菜餚風味餐。

大灶煮飯就是另一個常民文化的好風景，不但水量的斟酌是經驗，控制火候旺、弱也是技巧。

猶記得幼年時期，母親以大鍋大灶煮飯的情景，用手掌量試水位高度，中途看火候加減材薪，煮不透，生米難入口，太過頭焦了米，又有苦味。

母親總是技術特佳地掌握全局，燒出來的米飯又Q又香，套句現代的形容詞是「還真彈牙呢!」

我所期待的，是鍋底那微黃酥脆焦香的「鍋巴」，入口咀嚼「繞樑三日」還不足以形容少有零食年代，小鍋巴為孩子帶來的滿足。

趙嘉協計劃中的古早味小吃餐廳，準備以懷念美食吸引遊客及饕客，讓原味南寮，再多一項屬於澎湖的味道。

在古味廚房尚未成型前，魚灶的啟動，為南寮的觀光發展開闢出另一條活路。

他們以大鍋煮食澎湖在地的食材，新鮮小管加上西衛麵線、或者小管蝦仁加上澎湖種植的高麗菜煮成粥品，遊客們親睹魚灶大鍋烹食，新鮮又有趣，在地的飲食口味、灶旁內露天就地餐食，這樣新鮮有趣的組合，

反而成為遊客們口中最新奇的體驗。

　　他期待農村再生，認為要從全村動起來，這個計畫分成每年一階段，四年四階段來進行，全村動起來，正可藉此凝聚情感、強化對自己居住的這塊土地的向心力。

　　因此趙家協儘量與村民溝通達成共識，現在很多人在期待，也有人抱持觀望，但他知道唯有自己先行動，才能帶著村民推動村落發展。

　　趙嘉協對未來留住南寮原味最大的期待，是成立一個文物展示紀念館。

　　「古廟拆建後存留下來的古文物都有收藏好，但無處可展示，很多人認為這些東西沒有用途，任意丟棄，但這些古文物的留存相當重要。」

　　是啊！即便是菜廚、嬰仔竹椅、甚至一碗一盤，都是先人留下的重要足跡，值得留存。

澎湖常民生活文化　重現人文縮影

　　南寮村的澎湖常民農村生活體驗，正一步步重現40、50年代的澎湖。

　　除了留住古式建築將場景復古化，更能提高參與性，讓人走入歷史，首推的便是讓外地人新奇的「牛屎窟」。

　　在瓦斯尚未普及，烹調以爐火大灶的年代，燃料是民生相當重要的必需品。早年澎湖少有林木，光禿禿的土地偶生雜草，供耕田的牛隻食用所剩無幾，沒有像目

前海岸遍佈的漂流木可以撿拾、銀合歡的數量也有限，買得起「土碳」(早年的燃料)沒有幾戶，農家為免斷炊，高粱葉、地瓜藤、花生藤、花生殼甚至雜草，這些植物曬乾後都是當代必要的燃料，最特殊的燃料要屬「牛屎餅」了！

「那個年代，孩子必須提著畚箕和耙子到處去撿拾牛糞，看得到的牛糞沒來得及被太陽曬乾，就被撿走。」趙嘉協回憶童年，彷彿就在眼前。

因為家家戶戶都需要這樣的燃料，撿拾的人就多，有時很難在地上看到剛「拉」出來的牛屎，為求「業績」的孩子還會在牛屁股上搔癢，再將畚箕靠在牛肛門的下緣準備「接殺」，希望牛兄、牛妹能因此「賞賜」一坨牛屎。

收集的牛屎被倒入牛屎窟，加入適量的水、土碳或者曬乾切碎的植物藤，增加牛屎的「續燃力」。

這些附加品加入後由人工踩踏均勻裝入畚箕，再徒手揉成圓餅狀拍貼在咾咕牆上。因為是徒手拍製的，圓圓的牛屎坨上，五根手指分明地撐開清楚地印著手掌印，整面咾咕牆上布滿牛屎餅甚為壯觀，也形成另一種「數大便是美」的風景。烈焰吸乾水分後這有特殊掌印條紋的乾癟牛屎，就成為當時還算是上等且易於儲存的燃料--牛屎餅。

50年代過後瓦斯爐普遍使用，大

灶使用率降低,更幾乎消失,一些碩果僅存的也都不用牛屎餅來當燃料,牛屎餅的功能逐漸被遺忘。

趙嘉協與社區發展協會理事長陳有擇計劃還原村內「牛屎窟」的原型,特別規劃了牛屎窟園區。

「裡頭特別設有一座牛屎坑、畚箕、扁擔、雨鞋及長桌,也提供給遊客體驗。」趙嘉協形容牛屎窟的形貌。

懷舊景象重現了牛屎窟的場景,也讓想要體驗澎湖早期常民生活的遊客可以身歷其境且親手操作。為了完整保存農村特色,南寮社區的魚灶炊煮也使用自製的牛屎餅作為燃料,讓南寮的澎湖味再添一景。

此外,他們也把本地築咾咕石牆的功夫再做傳承,與文化局合作開辦築牆課程。那是澎湖先人智慧,一項高超的工藝技法,運用型體不規則的原理鑲嵌,無須粘劑即可高築,且因無粘劑封住間隙,能任東北季風隨意流過不硬迎強風,與自然環境和平共處,生命更能久久遠遠,無怪乎澎湖菜宅的咾咕石牆總是歷久彌堅。

走出自己的一條路,各種資源也自動匯集到南寮。現在澎湖科技大學、文化局、國家風景管理處辦理的活動常有一大部分安排在南寮,例如成員來自十數個國家的國際志工營,近幾年便屢次在南寮舉辦。

南寮村也不讓這些單位失望,除了已成型的軟硬

體文化巡禮,更祭出連新一代澎湖子弟都少見的菅芒箄
(防風圍籬)編織、蒙面、咾咕石牆堆砌、地瓜與花生種
植及收成等教學與實際體驗,卻讓來到南寮的外地人看
見且感受最初、最為傳統、最純樸的澎湖樣貌,彷彿時
光倒流,踩踏著先人的腳步前行。

　　這樣的澎湖行當令外地人深刻難忘,南寮之名也
迅速揚名國際。

農夫村長 引領有機世界

　　警官退休的趙嘉協,不但是一位保留文化的村長,
更是一位農夫村長。

　　他與同村在台經營「綠的果蔬生機有限公司」的趙金
福董事長,集合村內農業人口,共同創立了「澎湖縣農
特作物生產加工運銷合作社」,村內從事農務人口有三
十人參加,種植、產銷的無農藥、有機蔬菜,生產期時
在澎湖農會及百世多麗商業酒店商店區均有展售。

　　趙嘉協種植的有機水果玉米、紅蘿蔔等農作物,總
讓許多澎湖本地人吃得安心,尤其是有機紅蘿蔔,在特
殊的土質孕育下特別香甜且沒有一般紅蘿蔔的草腥味。
他對自己種植的農作物深具信心,盛產期時甚至每個周
日都帶著他的紅蘿蔔遠到台灣各地推動澎湖的優質農產

品。

　　紅蘿蔔原汁最受歡迎，一杯50元常榨到來不及賣。數百斤的紅蘿蔔常在兩天內被掃空，他說：「澎湖的紅蘿蔔真的很讚！臺灣消費者非常喜歡。」

　　他對農事的熱愛令人讚佩，想當然爾是受父親影響。

　　「當個快樂農夫確實是受父親影響，但發展有機卻是退休前的理想。」

　　趙嘉協那塊經過有機認證的田地裡，種植了各式各樣的蔬果。

　　高高的咾咕石牆，阻隔大部分冬季的強風，紅蘿蔔的羽狀綠葉，從地上竄出，整把抓起葉子，胖胖的紅色身體速寫這一季的豐收；甜美可生食的白玉珍珠水果玉米，乾褐的鬚色提醒收成者，綠殼下的米粒顆顆飽滿；葉菜上一圈圈的洞口，顯示這一區的種植，是為餵養昆蟲取得萬物和諧；而網室裡，攀爬上架的番茄，聖女、黃金、桃太郎，顆顆豐碩圓美。

　　從白沙分局勤務指揮中心主任一職退休的村長趙嘉協，在退休前就計畫未來要從事有機蔬果的種植。

　　「當時我只想到，能夠自己吃得健康，也可以分享給親朋，更多餘的再來販售。」原來，農夫生活真的是趙嘉協退休後的第一個期待：「我認為澎湖的田地雖荒廢，但沒有受到汙染，很適合做有機種植。」

　　於是他和妻子兩人，把村外大馬路西側的一大片田地，重新開墾，慢慢耕耘種植。他希望帶動農業村落的南寮村民，看到無農藥、有機種植的生機。

　　從自己做起，似乎正是趙嘉協一貫的行事作風：古厝整理帶頭做、遊客導覽帶頭做、有機種植也帶頭

做。也因為「帶頭做」的精神，許多村民都力挺他。

剛開始大家都在觀望，他一一說服村內種植同好，先成立合作社，再分送產品給人試吃，一步步建立他原味南寮、有機南寮的新光景。

「澎湖縣農特作物生產加工運銷合作社」與同為南寮人的趙金福董事長合作，把種植的新鮮蔬菜由趙董的公司，經切片、90度以下真空低溫油炸，製成酥脆的養生零食。目前先試產紅蘿蔔脆片，原味、咖哩、胡椒、海苔、芥末、麻辣等各種不同的口味因應消費者需求，薄如洋芋片的蔬果脆片，嚼在口裡，不同於一般較厚的蔬果乾，尤其是以澎湖地區，吃來無腥味的紅蘿蔔製造出來的蔬果脆片，香氣與口感都相當特殊，連不喜歡紅蘿蔔的孩子都能接受。

用紅蘿蔔打出成功的頭陣後，「澎湖縣農特作物生產加工運銷合作社」，將開始多元化量產，陸續推出南瓜、白蘿蔔等精緻產品。

至於生鮮蔬果的銷售，目前在百世多麗超市以及農會超市已有部分供應。以後希望能送到台灣的大賣場販售。家樂福台南區處長曾經來澎，趙嘉協已接洽由家樂福收購澎湖的有機蔬果，將來產量勢必不足以供應。

因此他計畫先從南寮做起，期待建構南寮村為有機村，有福利的事情能夠全村一起享有，全村一起做，先達到南寮人能共享的安全農業村，然後慢慢向外拓展，讓更多澎湖人參與「澎湖縣農特作物生產加工運銷合作社」。

趙嘉協計畫冬天的種植，以紅蘿蔔、番茄為主，夏天可以生產水果玉米（新種玉米）、白菜頭（白蘿

葡)等。

　　「甚至可以做到漁產加工部分,比如紫菜、海菜等,先紮實做好幾項,再慢慢增加。」趙嘉協強調,部分漁業產品「農特作物生產加工運銷合作社」一樣可以加工產製。

　　炯炯大眼,展現出帶動南寮向前行的企圖心,趙嘉協的心是一直根深在南寮,南寮在他的心底的位置也紮得穩固且深長,擁有一位這樣的村長,對整個南寮村的人、對整個南寮村的物、對整個南寮村先民曾經走過的一步步有形或無形的足跡,未來真是充滿希望了!

（南寮社區於104年獲得環保署國家環境教育獎）

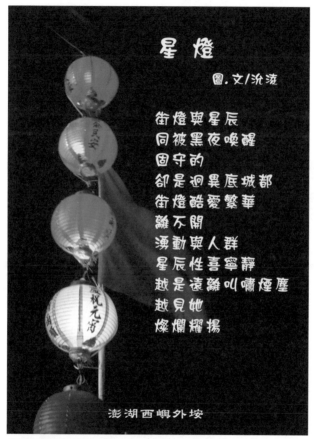

星燈

圖.文/沈淩

街燈與星辰
同被黑夜喚醒
固守的
卻是迥異底城都
街燈酷愛繁華
離不開
湧動與人群
星辰性喜寧靜
越是遠離叫囂煙塵
越見她
燦爛耀揚

澎湖西嶼外垵

澎湖西嶼鄉外垵村每年元宵節，船隻滿港萬船漁火，
讓外垵的元宵燈會遠近馳名。

沈淩詩卡015

天空與牆垣之戀

圖.文/沈凌

歲月在咾咕石上輕輕雕刻
一針一針
用風
用雨用日
用霜
用雪
用她極盡所能底試煉
牆垣因此頹敗

嘆息以後 他吟作詩句
寫在雲端之上
幾世紀歲月雕鑿的夢幻神話
飄然地劃過長空
湛藍記載著壯烈的情
雲朵乘載著含蓄的愛
狂風掃過
卻不留痕跡

澎湖古厝

灰白的石壁歷經百年風霜，積染出古老的褐黑，斷垣殘壁中呈現了另一種殘缺之美。

沈凌詩卡016

風

圖.文/沈凌

風如此深情地
戀著她
用不同的語言
表達
在這盛夏溽暑
他自海面姍來
輕觸慵懶的
天人菊

澎湖，一稱風島，一稱菊島，風與天人菊是為島嶼兩大「特產」，尤其那風，少了它怎成菊島，因為「風」只在澎湖四季分明……

沈凌小卡026

生活是一種磨石般的歷練

澎湖國家風景管理處張隆城處長

　　101年2月，在馬公市公所禮堂舉辦的「十大觀光小城」記者會上，有幸與澎湖國家風景管理處張隆城處長初遇。首次初遇因介紹兩位張處長的小小錯誤，卻讓彼此印象更為深刻。

　　處長形容那是一場「美麗的錯誤」，人生有很多人跟人的緣份都很特殊，我們用這樣子的過程，用這樣一個經歷相識，讓兩個人都印象深刻，且每次再遇的場合，都有故事可以說。

張隆城

雲林偏鄉么出子 母病耗盡家產空

　　上有六個兄姊的阿城，出生在以農立縣的雲林，那是虎尾的一個鄉下，非常偏僻的地方，用窮鄉僻壤來形容一點都不為過。與早年的澎湖相較就只交通部份好一點，不若澎湖海空中斷便成孤島，但整體環境上是差不了多少。

　　那個地方的人們大都務農。水牛黑蹄緩緩踏過黃土徑道，揚起一小撮塵沙；牛犁切開乾癟的土地，春分時節戶戶埋種入田，日日揮汗給水除雜，期待秋收的成果養足一家所需。沒有現代化的機械助耕，辛勤的勞力付出是收獲量唯一的希望。

　　但這樣的勞力所得卻無法讓人大富大貴，生活困頓是一種共相，幾乎均貧的村落偶有幾戶更勝小康的優渥或特別困窘的赤貧，大部份的生活都只夠飽腹。他們只能每天日出而作，日落而息勤耕耘，守住祖先留下來的寸寸土地，期待有土真能斯有財。

　　阿城的父親與村內大部分的居民一樣，以農為生。原以為種田是終世唯一賴以養家餬口的工作，沒想到么子落地不久，妻子就重病臥床。這一臥讓家庭經濟更為頹倒。

　　他一塊塊賣掉賴以維生的農田，為重病的妻子籌措醫藥費，直至祖產幾近歸零，僅剩家徒四壁的破舊宅

舍，然而妻子仍不幸在么子三歲稚齡時離開人間。

「早期的家庭只要家裡面一個人生重病，那個家庭大概就……就沒有經濟可言。」張隆城笑笑的說：「如果當初有把我賣掉就不會這麼悽慘了！」

阿城真的差一點就被賣掉。

母親重病無法照顧，家庭經濟跌入谷底，養不起一個初生的稚子，唯一的方法是賣掉這個孩子，為家庭經濟缺口做一個填補，也期待孩子能在更好的家庭成長茁壯。

然親情緊繫的強大力量，讓他免去成為販嬰的命運。

買嬰人要來抱走隆城的消息傳到姊姊耳裡，阿城就被藏起來，幾次徒勞無功，每一個來人都選擇放棄領養。

想當然處長童年生得機靈可愛，姊姊捨不得送人。

他卻幽默地大笑：「結果長大怎麼長成這個樣子，所以姊姊很後悔啊！哈哈哈！」

若以旁人之觀，姐姐應是深自慶幸，如果當年賣掉么弟，這有出息的處長是別人家的孩子，今日的榮耀感必定減低。

「如果賣給別人，也許現在的我會更好，哈哈哈！」

他習慣用輕鬆的語句談他悽慘的童年。

獨居的童年困苦日 暗夜難熬孤獨身

因為母親整整重病三年，又當時年紀實在太小，他的腦海裡未曾存在母親的記憶。

沒有母愛的過程張隆城也曾遺憾，尤其小時候田地賣光了無田可耕，年長他很多歲的姊姊都得到都市工作，「母愛」兩字離他千里之遙。

而雲林這個地方是布袋戲的興盛地，堪稱為「布袋

戲的故鄉」。野台布袋戲吸取了豐富的台灣在地元素，深入庶民生活，小小雲林縣全盛時期約有90個專業、200個業餘的布袋戲團，數量為全國之冠。

　　賣掉田產無田可耕的張爸爸，後來加入布袋戲團擔任聲效的工作。

　　張隆城形容：「就是音效，比如劇情中有武打的場景，就得敲擊火藥，讓它發出炮擊聲這樣的工作。」

　　野台布袋戲團和歌仔戲團一樣，哪一個地方邀約，就得全團到邀請地演出，全省巡迴公演是常有的事，因此父親幾乎不在家。

　　「我大概都是一個人生活。」

　　親人都不在旁邊的阿城，國小一年級就自己一個人獨自生活。

　　偶有關照的，是住在隔鄰的叔叔及與叔嬸同住雙眼失明的祖母。

　　獨居的日子，他自己料理三餐飲食，自己洗衣打掃，自己生活在沒有家人身影的陳舊屋舍。從小學一年級到國

中畢業的九年孤寂生活，小小的阿城就是這樣度過。

白晝時還有村內的小朋友一起玩耍，即便偶有爭執吵架，這段時間算是他最開心的時刻。

村內的孩子下課後都會在空地上一起遊戲，很多笑聲和尖叫聲將平靜的村落帶出聲息，從跳房子、殺兵到過五關，有時一玩就是半天，一群孩子和在一起樂不思蜀。

夕陽漸落，玩瘋了的童男童女或是忘記了吃飯的時間，或者根本不在意吃飯這檔事，沒有人捨得離開這群聚的歡樂，尤其是阿城。

這時候，很多孩子的父母將棍子藏在身後，忿忿地循著嬉笑聲來到遊戲場，準備「趕」孩子回家吃飯。一陣打罵與哇哇叫聲後人群散去，獨剩木訥地站在原地的張隆城。

不必被父母沿路打回家，在其他孩子的心裡是幸福的，但面對著原是笑聲可以穿透林間，現在卻成為了無聲息的空地，是失落、是茫然，連阿城自己都分不清這是怎樣的一種心境。

獨自踱步回家，他回憶：「回去之後還要自己煮飯、一個人吃飯……」言語中透露的孤獨感，讓人不禁為童年的阿城心酸。

阿城的家是古老的台灣鄉下民宅。

四面屋壁除了貼地的幾層紅磚塊就是「土角」，屋頂的樑柱已見腐朽。原來還有屋瓦在上，幾經風霜後多已殘破，卻也無力購瓦重修。

這屋舍的地面，更是原始地「保留自然」，就是黃土地面，與屋外的土地差別在它「骨溜骨溜」的光滑。

那是經年踩踏後的結實地板，偶而還透出閃亮的油光，彷彿柏油路面堅實耐用，卻是土地最原始的形貌。

張隆城形容一遇雨季，雨水穿過破裂的瓦隙自屋頂直接落下，外面大雨滂沱，屋內淅瀝淅瀝，一點也不讓屋外的雨景專美於前。

更甚的是屋外水無阻撓，除了窪地，水易疏流，而破屋的框架卻成了天然「蓄水池」，住在裡頭如同水中人家，與水是時時親近了。這水鄉澤國的景況只得靜待雨季過後，天清多時的赤焰吸吮，方始得見乾地。

「好處是做晚餐時不必加水啦！」

雨水自屋頂而來的淒涼，他也能做正向思考，輕鬆地帶過這冷冷地成長歲月。

獨自回到居處的阿城，面對空蕩的家，彌天蓋地的孤獨感時時襲人心魄且盤據內心，尤其當日光退去面對黑夜

的降臨，這孤獨感彷彿會伴隨著暗夜如墨而漸漸濃烈，經年累月恍如利刃割心的暗黯，著實令人難以承受。

「我最怕晚上，尤其是冬天的晚上，黑夜來得特別快也特別長。」

長夜對阿城而言確實難熬，他膽小懼黑，那漆黑似乎會侵入肌膚，直直地穿透這幼齡孩子的心靈，在他小小的心裡，留下魑魅魍魎的履痕。一陣風竄進屋內，動搖屋頂鬆動的瓦塊嘎嘎作響，或者它推門伊呀的聲音，在月夜裡格外清晰，卻讓這昏暗更為寂寥、更加陰寒。

每一次風吹與草動，阿城的腦海中便浮現邪靈窗外徘徊，哀嚎哭泣不肯離去的場景，每每毛骨悚然地度過。

因此他每天都早早上床，似乎一入夢鄉便能遺忘那晦暗給人的驚恐，所有的牛鬼蛇神也被

關在那夢境之外了。

早睡便早起。

在白晝與黑夜輪替，自然更迭黎明曙光初現的剎那，也是阿城甦醒之時。他幾乎是村內最早起床的，比日出而做的農人更為早起。五點不到，他便睜開惺忪雙眼，昨晚的恐懼彷彿不曾發生。

早起煮粥升柴火　朗朗書聲迎晨光

早早起來，他開始為自己準備早餐。

升起柴火，在大灶裡煮湯粥，柴火吡吡剝剝的猛烈，無人的清晨蹲坐在灶旁等待起鍋的時間其實也很無趣。在萬物仍沉的黎光中，他每天拿著書本認真地唸

書。曙光入窗來與茅草間隙篩下的針光，灑出一地蒼白，光行的腳步映照出塵灰飛揚，映照著孤單的人影，這孤獨反成助力，那朗朗誦書聲在清靜的早晨似乎特別明朗。

「後來嬸嬸說他每天早上都是被我的讀書聲給叫醒的。」講到這過程，張隆城也不禁靦腆，想來當年日日在大清早吵醒嬸嬸，心裡也有些掛意吧！

而這準時的「公雞」和「鬧鐘」，每日的晨讀時間也為自己帶來更大的利益。一大早頭腦最清醒，吸收度最高，因為環境因素而每日晨讀，那孤獨的歲月中，也累積出更多的人生智慧。

阿城小小年紀就獨居還有另一個原因。

家境貧困，長他十幾歲的姊姊都沒有讀書，也早早就結了婚。

當年，許多本省清困家庭的女孩子，十六、七歲，甚至更小就被嫁給隨國民政府撤退來台的外省人，也就是大家俗稱的「老兵」。

因為母病拖垮一家經濟的張家姊姊也不例外。

張隆城說：「當時被嫁給外省人的女孩子，一般都是因為經濟考量，講白一點就是為了錢。」

撤退來台的軍人，領的是國家的糧餉，有穩定的經濟收入，又有部分補助，經濟上與本省人相較是好很多，嫁給這些軍人，通常可以收到一筆為數不少的聘金，這聘金對張家負債的清償相當有幫助。

很多人會沉痛地形容那是「賣」給外省人當老婆。時代背景的不同，我們難以體會家長當年的心情，但在他們心裡除了聘金足以改善家計以外，或許還有一個想法

是：外省軍人收入穩定，可以讓女兒衣食無虞足以溫飽，脫離這貧困生活的宿命。

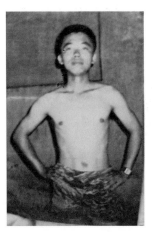

事實上很多女孩子嫁給老兵也很幸福，因為許多隨政府撤退來台的外省軍人非常疼愛老婆。

「哎呀！說真的，這輩子影響我最大的就是這位姊夫。」張隆城感恩地附和。

但在這之前，沒有父母隨時叮嚀的孩子，對自己的三餐絕對不會太認真。

「那時候因為愛玩，三餐能不吃就不吃。」他承認這樣的事實。

也或許是孤獨的晚餐也讓人積極不起來。三餐不定的張隆城從小就很瘦小，是家裡身高最矮的，也是班上最瘦小的。他把自己的矮小，歸咎於從小的「懶」，讓身體營養不良難以茁壯。

除了乏人照顧叮嚀，沒有父母在身旁的孩子，有時候也容易被欺負。

張隆城說自己沒那麼悲慘。但有件事卻相當激勵他。

「有一次爸爸回來給了我一百塊的生活費」他回憶起這件事。

民國六十幾年時一毛錢可以買好幾個糖果，一百塊是一個不小的數目。

阿城帶著這張「大鈔」到村內的雜貨店添購所需，雜貨店老闆看到這個窮困的孩子拿出一百元付款，用質疑

且強硬的口氣問他紙鈔的來處，懷疑阿城手腳不乾淨。

常笑稱自己從小獨居沒變壞，是鄉下地方沒有機會變壞的阿城，人格受到質疑，當下覺得既生氣又傷心。

因此他立下志願對自己說：「將來，我一定要在村裡，蓋一棟比這家雜貨店更高的房子。」

早期能夠經營雜貨店的家庭，大部份是村落裡經濟狀況比較優渥的，才能有餘錢當成本批貨販賣。

這間雜貨店是村內唯一一棟兩層樓房，與阿城屋漏常逢連夜雨的破屋是天壤之別。

阿城家，是村內最窮的家庭。國小時的導師也是同村的鄰居，非常清楚每位學生的家庭狀況。

小一剛入學，這位老師就幫阿城準備了裝有各種文具的鉛筆盒和作業簿。作業簿寫完了！老師就會再發一本新的給他。就這樣，貧窮的阿城不必為學習過程的所有文具需求憂慮。

懂得感恩的他，自知沒有其它能力回饋老師的照顧，就努力做好自己的本分。從第一次家庭作業開始，他認真紮實地仔細寫字：「每次寫作業，我一定要寫到自己認為是最漂亮了才交出去！」

用這樣的方式感恩，對他的人生產生重大的影響。

現在的張隆城寫得一手好字，書法運筆更是令人驚嘆！看過他字跡的人，沒有不豎起大拇指誇讚的。

就教他寫得一手好字的方法，他竟輕鬆的說：「沒有訣竅，就是慢慢寫、認真寫，基礎打好之後進步就會

快，字就會漂亮。」

　　阿城的童年，出生半年才報戶口、八歲開始獨居，這樣的生活令人看似遙遠，但張隆城出生在民國50年，台灣經濟以農業為主的年代。他童年成長的階段，也正是台灣經濟起飛之時。

　　然而鄉下資源短缺，除了有農田可以耕作謀生，再無其他恆產足以讓家庭經濟更為寬裕，田地沒了，再因母病負債，生活當然更為辛苦。

　　為了生活，讓年齡稚弱的孩子獨居，當是掙扎多久的無奈。小小年齡的張隆城，居然能在這樣的狀態下堅強度過近十年的時間。

　　張隆城覺得：「那是環境造就一個人。」

　　環境造就一個人，因此適時吃苦是有必要的。能讓人學會獨立與堅強，是生命歷程中不可或缺的能力。

　　現在很多孩子大學畢業了還沒辦法獨立生活，令人難以想像的「媽寶」例子，與張隆城的獨立真如天地之遙。

　　「其實爸爸每半個月或一個月會回家看看我。」張隆城說：「那時就是給我送生活費回來。」

　　短暫停留後便又匆匆離開，繼續為生活打拼奔走。

　　那也是阿城最難過的時候，小小年紀便要經歷無數次生離的孤獨，這生命之神是如此殘酷。

　　但也因為這困苦的歷練，讓孩子更能逐步走過人生的崎嶇，因為再大風浪他也能想盡辦法擺舟渡河。

張隆城

人生貴人二姐夫 押考高農森林科

張隆城的姊姊沒有上過學，他記得幾年前聚會，二姊一看到她心目中「書讀得很高」的小弟，興奮地說：「我會寫自己的名字了耶！」

已逾耳順之年才學會寫自己的名字，二姊如此滿足，反倒是他不好意思了！

除了姊姊，張隆城的哥哥也只受了國小義務教育，便未再升學。因此當國小畢業，才12歲的阿城並不想繼續升學，他跑去找哥哥，一心要跟哥哥一起當鐵工，窮人家的孩子心裡想的，無非是賺錢分擔家庭的經濟，對自己的未來其實並未綢繆。

鐵工工作常得負重在工地裡爬上爬下，除了要有體力，也得有膽量。瘦小的阿城除了常搬不動重物更是懼高，哥哥想到權宜之計，就是讓他在一樓底下，負責把需要的工具或物品丟上樓，哥哥負責在上方接住。這似乎是解決問題最好的方法，阿城也欣然接受。

但他「從來就丟不上去」，於是被哥哥趕回故鄉。

這是因禍得福，抑或沒有經濟能力培養孩子讀書的張家，註定要讓這么子來代替其他兄姊完成未竟的遺憾。

只是即便回了鄉，父親還是難以負擔他的學費，無所事事的阿城，每天在村裡閒晃，巧遇村內一位老師問阿城要不要繼續升學，父親給阿城的答案是：「不需要繳錢就可以繼續讀書。」

　　因為每天早起，一面做早餐又一面唸書，他的功課成績便能名列前茅。

　　當時正是市立國中與私立中學都在積極爭取好學生的時機，老師於是向校長爭取，校長也很愛才惜才地答應。

　　就這樣阿城上了國中。但他自認為是家中學歷最高的孩子，已經很滿足並不怎麼認真。三年級下學期，和另一位同學，每天早自習都跑到廁所去商討「國家大事」。

　　他們談著畢業後如何去打天下，貧窮人家的孩子，深刻體會「努力賺錢」的重要性，阿城和這位同學腦海裡對未來的憧憬是「到都市的某一個地方賺很多錢」。

　　那時班導師常常勸他要好好讀書，正處於叛逆期的阿城是「老師越勸就越不想讀」。

　　畢業後兩個人果真跑到台中試圖找工作，心裡以為自己已經長大到可以一起「闖天下」了。只是沒幾天，同行的同學就被逼回家，沒有同伴可以「壯膽」的阿城，轉而投靠住在台中的姐姐和外省姐夫。

　　知道他從小成績優異的二姐夫，要阿成繼續讀書，那時，男生的學歷一般都讀到高中。姐夫硬逼他要參加考試，然高中、四專及五專聯招都已經結束，唯一僅剩高職聯招。二話不說就幫他報了名，又擔心這小舅子在考試中途「落跑」，特別向他服務的虎尾空軍基地告假兩天，親自陪考。

　　自此，阿城對求學的觀念轉變，姐夫成為影響他一生最重要的貴人。

　　外省籍的姐夫說起話來鄉音很重，阿城常常聽不懂他的內容。又職業軍人很嚴肅、不苟言笑，阿城對姐夫是又敬又畏，當他規定「得好好考、認真寫，下課鈴聲

沒響不准交卷出來」時，阿城只能乖乖聽話，認真的考完兩天的試。他心裡也已為自己高中的學習生涯訂下目標──「非好科系不讀」。

放榜後，阿城以高分錄取台中高農森林科。

浪漫森林多憧憬　練就三瓶「啤酒城」

阿城生性浪漫，森林給他柔光飄忽無定，微風輕拂樹影搖的感覺，正符合他浪漫的感性，因此他填選這一科。

「但是讀森林，才發現完全不是那麼一回事。」他又哈哈大笑。

剛入學時，他對讀森林這一科的浪漫還存著憧憬，後來學長打破他對森林這門學科的幻想。久了之後也發現山上沒甚麼休閒場所，有時候還覺得頂無聊。

「學森林的都有一個傳統，要學會三件事。」張隆城回憶：「第一是山上很無聊，要學會打牌；第二是山上很冷，得學會喝酒；第三是關於本職學能的能力，森林科的學生得採種，因此要學會爬樹。」

當時的學生都還單純，沒有人會打牌，於是老師以一教四。大部分的同學都把這三種技能練得純熟，但張隆城認為自己酒量還是不好。

據說他有張三豐的弟弟「張三瓶」的封號，很多人以為那是因為三瓶必醉，但其實是自覺年紀漸長，已不能如以前豪情飲酒，因此酒過「三瓶」他便失蹤了。

張隆城

　　另外，他還有一個與酒有關的封號——啤酒城。

　　所謂的啤酒城並非他很會喝啤酒或是非啤酒不入口，而是當年「啤酒城」這樣的小吃部、海鮮店等特色餐廳如雨後春筍，名氣好響，於是張隆城便自詡為「啤酒城」，言下之意是這些大大小小的「啤酒城」，都是他的「中小企業」，這玩笑也讓這個綽號不脛而走。

　　回到農校森林系的話題，他坦言：「其實念森林，我沒有很大的興趣，當初只是衝動！」

　　因為年紀輕「少年不識愁滋味，為賦新詞強說愁」，被這浪漫的糾結情緒給左右了！

　　但森林系對他的影響很大，因為得常跟樹木在一起，無語寧靜，感覺自己就好像木頭人一樣。他發現讀什麼科系還是跟個性有點關係，他是比較木訥又實在的人，與樹木相處真是相得益彰。

　　求學時學校偶而有傑出校友返校，這些傑出校友都是保送屏東農專或中興大學，阿城被他們回校時的威風所吸引，感覺這似乎是一種最高榮譽，心裡很羨慕。

　　高三下學期，老師告訴他符合保送資格，阿城心裡很雀躍，但家人不讚成他繼續升學，因為父親實在負擔不起。他打定主意靠自己的力量升學，不停打工賺取學費。

　　張隆城回憶高農生活：「真的是度日如年，每天都像在過年。」

　　職校以技職教育為主，不主攻升學科目課業壓力不大，阿城雖然稍有讀書，但也紮紮實實地玩了三年。

　　為了拼保送，他整整認真地苦讀了三個月的書。

　　屏東農校錄取了張隆城。

　　阿城負笈南下遠到屏東開始他的專科生涯。也繼續他對「森林」這門學科的投入。

　　森林科學生最重要的工作是做標本。

　　採集花果、葉子，要解剖、要畫圖，還有很多相關的工作要做。

　　這些工作有部分得在森林中進行，所以爬山不怕累，會做很多事是讀森林科系學生必備的要件。這對在鄉下獨立長大，且被生活錘煉過的張隆城一點都不是難事。他吃苦耐勞，很多事情老師吩咐了，一定認真做好。因此不僅班導師對他好，連科主任都很喜歡他。

退伍返校任助理 力拼台大森研所

　　屏東農專畢業，張隆城隨即入伍服役，一年十個月後退伍已是民國七十四年。那是台灣經濟最不景氣的時候，即便他已取得高考專業技術人員的資格，找工作仍四處碰壁。大部份的公司回答他「目前不需要這方面的人才」。

　　張隆城求學階段雖然偶有放鬆，但整體而言算是認真實在的學生，尤其高職畢業前已立定升學的志向，專科時期他也是「紮紮實實」地認真了三年。

　　就讀屏東農專時的科主任仍記得認真踏實的張隆城，在他服役還有一年才退伍時就寫了一封信寄到雲林老家，因為父親不識字，那封信便在抽屜裡整整躺了一年多。遍尋不著工作，張隆城也適巧想回家走走，才看

到那封塵封已久已經微黃的信件。

他拆開信馬上和科主任聯繫，所幸沒有錯過時機，隔天就提起行囊到屏東農專接任主任助理。

以他在屏東農專求學時的表現，勝任主任助理工作游刃有餘。有一次科主任對他說：「再過兩個月有研究所考試，你去報名參加。」

於是他順利考上台大森林研究所。

屏東農專畢業考上專業技術人員高考。那是類似律師、會計師這類人才的考試；台大研究所一年級時，他又考上公務員高考，考試對他而言似乎輕而易舉。

張隆城求學階段曲曲折折，若當年長得夠高壯、膽子夠大不懼高，可以勝任建築工地的職務，他可能就只有小學畢業。

而人生階段不斷有貴人出現，讓他一路唸到研究所，更擔任職場要務，他感恩地說：「幾乎每個階段都有貴人，我是土地公生的，人家都說我命格好。」

他出生於農曆二月初二，是一年中第一次的『作牙』稱為『頭牙』。

公職細分三階段——台南屏東與澎湖

初考上公務員的張隆城，是研究所一年級研究生，第一個公務工作在風景秀麗的台南曾文水庫。

當年國人對休閒娛樂還不是很重視，觀光仍未大興，學校人才的培養，並沒有與旅遊相關的科系。另，早期台灣較負盛名的風景區也幾乎都是森林遊樂區。而

森林系的學生，必修一門「森林遊樂」的學分，勉強和觀光沾到邊，因此很多遊樂區的區長都是森林系畢業的。

張隆城公職生涯分三個階段。

第一個階段是養成階段，也就是曾文水庫八年半的這段時間。進入公務職場一年，他升任觀光課長，職務一做就是七年，深刻體會到升遷的困難。

第二個階段是學習成長階段，那是奉調到高雄市政府觀光科課長一職。當時的市府並沒有特設觀光局，觀光業務由觀光課全權處理。張隆城積極推展港都觀光，辦了很多當時深受矚目的大小型活動，著名的高雄燈會就是由他起辦，那是高雄地區，第一次超過百萬遊客有歷史數據的活動，聲勢浩大且頗受好評。在高雄市政府建設局他一樣工作了八年半，卻是整個公務生涯中成長最多的地方。後來他調升到大鵬灣國家風景管理處，擔任副處長一職。

第三個階段就是到澎湖國景管理處接任處長。

接任處長前，他曾受時任處長的好友張永仁邀約，利用假期來過澎湖兩次。他形容這兩次都「只在飛機上看過澎湖」，對菊島還是一無所識。

原因是前張處長個性豪邁，好友一到他便熱情招待。張隆城只記得「一下飛機就開始吃，開始喝」。

所以他對澎湖的初始印象是從空中鳥瞰，發現澎湖的土地「都在種人」。

在火葬及靈骨塔遷葬作業尚未被推展時，澎湖人對

往生者的敬重觀念來自於傳統的「入土為安」，先人的墳塚便散落在澎湖的土地。

除了公墓，許多人會把祖先埋葬在自家田地的一個區域，自成一處福田；而有些非私人土地因為風水佳，也逐漸形成亂葬崗。幾百年下來，澎湖的墓仔埔還不少，且常座落在背山面海，風景絕佳之地。

接任處長工作之前，張隆城對這個地方雖不能說是全然陌生，但著實完全不了解澎湖的狀況。交通部觀光局局長，要他寫一篇有關於到澎湖國家風景管理處後，想做哪些事的報告。

結果那篇報告前後被退了六次。但這樣的方式卻讓張隆城對澎湖有了基礎的認識，對他投入澎湖國家風景管理處的推展工作很有幫助。

腳踏菊島換了心　澎湖優勢無人比

基於張隆城在曾文水庫以及大鵬灣兩個風景處工作過，許多本地旅遊業者，甚至澎湖人都有這樣的疑問：「台灣也有很多靠海的風景區，一樣可以戲水享受陽光與白浪，澎湖有甚麼樣的實力可以和這些地方競爭，讓旅客願意多掏機票錢到這裡旅遊。」

張隆城說他在大鵬灣五年，出口的話是：「大鵬灣是最具國際競爭力的風景區，他有輕航機、水上活動、風帆、高爾夫球場、賽車場。」但來澎湖之後他改口說：「澎湖是最具國際競爭力的風景區。」

他的朋友笑他「換了地方就換了腦袋」，他覺得自己現在連心都換了，在他的心裡，澎湖的優勢無人能比。

　　十幾二十年前，他有幾位朋友曾經來過澎湖，對澎湖旅遊的印象相當差。從這島到那島趕行程，累昏了；夏天時太陽大，熱斃了；冬天東北季風強，冷死了。來過一次就夠了———在他們心裡認為「澎湖就是這樣，沒有好觀感」所以他們十幾年來沒想過要再來澎湖。

　　但其實這麼長的一段時間裡，澎湖不管是硬體的環境設備、軟體的解說能力甚至於居民的友善態度，各方面都有長足的提升，足以形成慢慢走向國際級島嶼的實力。

　　他認為澎湖不同之處在於少有人工化，純粹自然。海洋不僅有獨特的美景，更有他處少有的海洋文化；至於沙灘更是台灣之最，與國際度假島的沙灘比美過猶不及。

　　「很多人認為它的交通不方便，但這『不方便』其實是澎湖最大的優勢。」張隆城覺得「近廟欺神」，越唾手可得的事物越不稀奇。

　　澎湖的不方便讓這個地方受人為破壞少，也形成它幽靜美麗，如離塵般的特有氣質。這些特質是其他地區少有的環境氛圍，很多人會想來這裡超脫世俗，將

生活上、工作上的煩憂都拋卻在海峽之外，因為人在這裡就不能隨傳隨到，且隔絕了原來生活的土地，許多瑣事都能暫卻，澎湖勝人之處就在這裡。因此張隆城覺得這「不方便」反倒是讓澎湖有與眾不同的優勢。

　　其實交通問題也常在各種議論場合被提出，一致期待澎湖對外的交通承載量更大，能吸納更

多旅客。

　　但張隆城認為旅遊方式不在量的增加而在質的提升，走精緻化的旅遊服務，遊客的感受會更好、經濟效益也更高、更能走得長遠，這是澎湖旅遊未來必須努力的方向。

　　他舉出：「石滬、潮間帶、古厝……澎湖要推的是本地文化，是在地無可取代，也是最能長久吸引人的元素。」

　　以文化推展觀光，在常民生活的文化裡，澎湖因為地形特殊、先民移居早，歷史累積資源豐厚，涵蓋非常廣面。海洋文化或人文素養皆有它的獨特性，將這些特色展現出來，澎湖的觀光便比其他同有海洋元素的旅遊地更具亮點、更值得旅客一來再來。

　　是啊！現代社會祈求返璞歸真的心境，正是澎湖旅遊發展最大的優勢。

澎湖問題在冬季 小組運作推新機

　　接任澎湖國家風景管理處之前，很多人告訴張隆城澎湖的問題在冬天，因此一上任，他就成立了振興澎湖冬季觀光小組，每兩週開一次會議，至今這個小組仍在運作。

　　但振興澎湖冬季觀光的工作並非易事，環境因素是澎湖第四季觀光一直無法突破的原因。

　　他來澎湖時，交通部觀光局給予澎湖國家風景管理區的任務是-把澎湖變成一個國際級的度假島嶼。但澎湖面臨的問題是夏天一票難求，機票、住宿以及各種行程活動都呈滿載量，但冬季卻便門可羅雀。當東北季風一起，所有的人都瑟縮在屋舍裡，街道上、旅遊景點內

是冷冷清清，只有東北風如入無人之境地在島內穿梭。

其實澎湖冬季的觀光連本地都沒有信心、不支持。

到澎湖第一年他曾經觀察旅客對澎湖冬季旅遊的看法。對缺乏興趣的旅客常是簡單的一句斷言「風太大」。但也有人特別選在冬季來澎，有時一住三、四天，甚至超過一星期的。張隆城對這樣的旅客特別好奇，詢問冬季來澎湖都做些甚麼，有人回答說「來睡覺」。

原來懂得澎湖冬季優勢的人，在寒風呼呼，大多數認為「不好玩」的季節來到澎湖，是為休息、充電、創作而來，為遠離塵囂而來。

談到這裡我們得認同，隨著社會經濟與知識水平不斷提升，旅遊模式已經改變，定點旅遊、深度旅遊，喜歡甚麼就玩甚麼、喜歡去哪個景點就隨興去哪個景點，有時候甚至甚麼都不做無期無為，只做鬆懈休息。

張隆城有一位朋友，每年一定去一趟峇里島，否則渾身不自在。到了那裏卻也不去遊賞當地的山光水色，成天泡在旅館裡足不出戶。他對張隆城說：「一出旅館，著實不知道自己來到這裡該做些甚麼？」

旅客是去鬆懈，是去體驗大型旅館裡的各項設施。一個旅館已經滿足了他來這個地方的需求，如同在筋骨

血氣滯留時打通他的任督二脈，那種滿足讓人如身染毒癮般每年必到，不去釋放便覺得身心俱疲。

經過一年多的認識與了解，張隆城與同仁

討論出一個定向，澎湖冬季的觀光要做一個確切的定位。找出各季可以發揮的特質，他們將夏季旅遊定位為「樂活澎湖」，陽光、沙灘、島嶼，水上活動、跳島⋯⋯將澎湖的優勢展現到最極致；冬天則以澎湖的特性為出發點，適合釋放壓力、寧靜思考，悠閒自在的度假風，所以是「慢活澎湖」。

這「樂活」與「慢活」僅一字之差，卻為澎湖各季的旅遊找出最好的行為模式。

他認為澎湖比峇里島更具「國際觀光度假島嶼」的條件，如果旅館業者、旅遊業者能做到複合式、全面性的服務，讓旅客冬季來到澎湖不出門也能各盡其興，澎湖冬季旅遊的振興就會有希望。

避開弱項展強處 國際觀光度假島

很慶幸的，澎湖已具有這樣服務等級及能力的旅館，104年開始營業，也讓澎湖的旅遊服務更為多元，點燃澎湖冬季旅遊的希望。

除了大型旅館提供不同的旅遊模式，張隆城也積極要找出澎湖冬季旅遊的另一條新路。

他常說：「冬天邀朋友來澎湖，不要說『來澎湖玩』，因為澎湖的冬天真的一點都不好『玩』。」

張隆城認為要知道自己的弱點，避開弱項展現強處，澎湖冬季的旅遊不應該定位在「玩」，應訴求深度之旅、文化之旅、創作之旅。另外，環境惡劣狀況其實已經減化，

因此冬季旅遊是「票房毒藥」也已經慢慢在改變了！

　　許多在澎湖長大的孩子，對童年冬季的印記猶深。

　　早年學校操場的泥土地面，每當冬季風沙走石，塵砂飛揚的褐土在離地三尺的空間中畫出顏色，很能清晰地看出風的走向，在偌大的操場間如頑童般、更如頑龍般四處拉起雜亂的弧線。

　　那時我們尤其害怕升旗典禮。狂勁的冬風不但帶來似能穿透肌膚的冷冽，更帶起大量的砂土，胡亂打在臉上，小小細膩的臉上如針刺、若石擊，那疼痛難以形容。

　　仍記得在徒步上下學的路上，北風自側端襲來，身形單薄的孩子常被風推向路中，所幸當年車行不多，否則當險象環生。

　　但目前綠化做得很好，建築也越來越多覆蓋率變高，因此澎湖冬季就僅剩下風的問題，與早年已大不相同。

　　可是，澎湖人自己仍對這島的冬季缺乏信心。

　　前年冬季，馬公街上冷冷清清，張隆城看見一位背包客拿著地圖向商家問路，熱情的澎湖人馬上仔細地指引，但最後居然沒忘了幽默地補上一句：「你怎麼會在冬天來，是被誰騙來的？」

連本地人都不支持，淡季如何開旺。

年少的我酷愛澎湖秋冬的氛圍，每每忘情。

這季節戶外人煙稀少無人干擾，可以感受自己想感受的、做自己想做的事。在一片枯黃的長草間只有風在行走，它所經過的履痕每每在澎湖稀有的草原中留下印記，如同「看見台灣」一片空拍的稻浪，在新綠、翠綠與鮮綠間變換風景，壯闊得令人感動。而在澎湖秋冬的枯黃長草中卻以不同色澤呈現，異曲而同工。

至於草浪，那更是環洋澎湖的翻白外，另一處令人動容的風景。

我喜歡那被風引動的草浪，一波波被規律推開地黃，與海波一樣能沉靜人心。你可以用心感受風臨澎湖的狂野外，那份輕輕拂草的溫柔。

我也喜歡在風起的秋季，迎向北風的豪情，在曠野間感受它吻撫臉頰，攏飛長髮，任它撕亂一束黑，在秋季灰濛的抑鬱空中。

之於海，那千層白浪翻攪，捲起千堆雪的大洋浩浩，如水中蛟龍正肆無忌憚地嬉戲翻覆，這浪潮的湧動似乎更為激情。尤其是岩岸拍絕、大浪擊石的飛奔、高起數丈底飛濺，夾雜著豪邁宛若進行曲的擊響，天然氣魄無需等待颱風來襲方可激賞，在澎湖的冬季日日皆是。

尤其澎湖的星空無與倫比，即便在東北季風肆虐的冬季，仍見繁星點點，在銀河內外吐出瑞光，空中的靜謐與土地上的呼嘯形成迥異的對比風景，也特殊得令人動容。

在地文化深度遊　自然原貌澎湖風

就如張隆城所言，冬季來澎湖得會安排，得懂得感受，而非好不容易來澎湖了不管它天氣如何，還是與夏天旅遊一樣的行為模式，隨著季節溫候行動，就能盡興。

「要推澎湖的旅遊就要了解自己，風很大硬要長時間在戶外，這是錯誤的旅遊方式。」張隆城期待觀光業者規劃旅客來澎湖的時間拉長long stay，他發現東北季風起風時間常常為數幾天，再停歇個幾天，因此旅客長住就會對澎湖的冬季改觀，也利用這長住時間，安排不同的旅遊與體驗，為澎湖的旅遊方式開拓另一條長路。

尤其台灣開放出國觀光之後，旅遊品質非常高，以前大都是走馬看花，但現在走向定點旅遊、深度旅遊，以休閒度假的休閒風、悠閒風，而非行程緊密的速食旅遊，甚麼事都不做，無期無為的旅遊方式也已經成型。

這正符合澎湖慢遊的氛圍，他相信未來幾年是澎湖的機會，

因為澎湖有相當大的優勢，台北到馬公僅45分鐘，高雄更只要30分鐘，飛程近且不必簽證，再加上澎湖的美麗比任何地方更令人傾心，這觀光發展必能銳不可擋。

專訪前一周，適逢監委來澎，提到這幾年澎湖國家風景管理處在澎湖地方推動的都是小東西、小事情，沒有一個具體的、醒目的，令人一見難忘、足以代表澎湖的標的。張隆城對這點提出他的做法以及看法。

派任到菊島兩星期內，他非常認真地探訪每一個地方，拜訪每一個可以拜訪的人，希望自己能在短期間裡更認識澎湖、融入澎湖。

很多人都有「發展觀光必須多建設才能有指標、吸引人」這樣的迷思，但澎湖國家風景區管理處已是二十幾年的單位，許多該在地方做的建設早年都已陸續成型，每年處裡投注在澎湖的建設經費也有一億多，設施維護費將近五千萬元，他發現澎湖有些建設完成後閒置未用，因此主要建設應該已經足夠。

交通部觀光局局長也曾詢問他來澎湖兩周後，對這個地方有關觀光部份的看法。他回答：「建設已經足夠，甚至多餘，有些必要的建設需要審慎構思再建，但最重要的重點是將閒置的已建設施做好規劃，充分運用發揮，讓它的功能及服務機能作最大的展現。」

張隆城認為大家都忘了澎湖最大的優勢就是自然，

大自然的美景迷人之處就在於他呈現的原始面貌，人工裝飾或建設過頭了，反而是危害破壞，因此他認為不需要再有太多、太大的人工物品樹立成澎湖醒目的地標。

「選擇做的都是澎湖地區發展觀光最需要做的事。」他心中相當篤定。

澎管處近年陸續在各個風景區建了民生最需的廁所，很多人批評說這個處大事不做「只會蓋廁所」。

張隆城笑說：「如果連廁所都不好，旅客會來嗎？」

很多地方看起來細微，卻是最基礎的建設。衛生設施不好、環境髒亂，風景再美也無法讓遊客留下好印象，無法回流再遊。他做的是要讓旅客心裡真正感動的事。

因此，有關推動澎湖觀光有需要的事，有需要的建設，只要能為澎湖加分，有機會他都會努力且盡力去做。他自詡為「澎湖人」，把心都給了澎湖，想做的、會做的絕對都是對澎湖好的、有幫助的事。

所以，目前澎湖國家風景區管理處推動澎湖地方觀光的目標，是提升澎湖旅遊的水準。旺季時推動觀光，淡季就充實軟體設備，毫不鬆懈。

充實軟體多項化 感動遊客再回流

與其惆悵夕陽不如珍惜發揮它的美麗。

這兩年的冬季，就辦了旅遊外語研習課程、水域安全講習、水上摩托車駕駛、浮潛訓練等，全力充實澎湖旅遊的軟體內容及實力，希望讓每位來澎湖的旅客都能感動，進而成為澎湖旅遊的宣傳員。

曾經辦過高雄地區，首次超過百萬遊客歷史數據，著名的第一屆高雄燈會的張隆城認為，很多人都有「數

大」的迷思，將參加活動的人數當作為活動成功與否的指標，其實人數與活動的精采並非絕對。

他猶記得有一位前輩做過這樣的比喻。

在澎湖辦活動即便花很多心思，限於環境的因素不一定會有很多人來，但在高雄文化中心，也許抓兩隻雞在那裡打架，就會引來人群圍觀。

因為有環境人口的因素，很難純粹以人潮多寡來評論活動的好壞。因此張隆城到澎湖之後做的每一件事都以「感動遊客」為出發點。國家風景管理處這幾年就舉辦了不少活動，很多活動都不大，但都深入人心，令人感動。很多旅遊的元素，感動人心是最重要的，沒有感動，持續不久。而這些活動也深化了澎湖的地方內涵，更增軟實力。

101年底，國家風景區管理處辦理「風起毫飛‧舞澎湖」書法接力表演，邀請大陸、台灣、澎湖、十方書會等眾多書法家來澎湖，在觀音亭旁史蹟公園揮毫創作，除了由前新聞主播盛竹如，以中國古代詩人李白扮相形成話題與亮點，書法家們更集體合書長達2.12公尺的書作。

102年３月１６日春寒料峭，陽光卻燦然。澎湖國家風景區管理處辦理「最美麗的春遊—綠林舒活健走遊澎湖活動」，四百多名鄉親攜手邁步前行。

這次春遊，活動路線是自管理處前廣場集合出發，途經澎湖新興的森林綠地----澎湖休憩園區，繞經天仁湖，穿梭於靜謐的森林步道，感受芬多精與花海鳥鳴的悠閒與美麗，樹葉篩下一地細密的陽光，清風緩緩穿林而過，帶來暢意的舒爽，鳥雀林間啁啾交唱，花朵在土地間斑斕綻放，都為這次春遊竭盡讚賞。

張隆城

這一處以前幾乎是拱北山營區的腹地，當年除了軍人鮮少居民會在這裡活動，整個樹林保持完整，在兩岸關係開始緩和，軍力裁減後，軍方動用大批軍力開發建設成一個可以供附近居民休閒、為澎湖繼林投公園之後的一個林蔭公園，這片土地便與本地居民的生活息息相關。

經過林區與天人湖，健走隊伍由澎湖唯一綠林隧道興仁里出線，沿著204號道直達烏崁，踩踏烏崁海岸抵隘門沙灘飲茶小坐，傾聽緩推的海浪聲，與樂團演奏的優雅，營造出夏日午後悠閒的音樂饗宴。時光在海風與推浪之間，在白沙與澄空之間，慢活的心與美景美樂相融為一，呼應了「此景只應天上有，人間難得幾回聞」的滿足，這仙人意境，在澎湖這個地方卻時時可就，值得珍惜。

春遊最後行程，由隘門出發，沿著澎湖最長沙灘的木棧道，走向林投公園、尖山發電廠等處，澎湖的海岸風光，豐富美景盡收眼底。

3月22日再辦理「綠野仙蹤秘徑春遊健走活動」，這次是由東衛出線經成功等地，同樣都是帶領澎湖民眾探訪非當地居民未能識得的私密遊程。

兩次春遊健走非常成功，很多人第一次參與這樣的行程、很多人第一次漫步這樣的路線、很多人第一次對故鄉的美產生感動。如果這麼優質的風景路線、這麼能觸動人心的氛圍，澎湖人自己都陌生，如何能述與外地人。

目前大部分國人的旅遊方式非常依賴交通工具，快速掠過的風景與慢行靜賞的景觀絕對不同。因此行走或以單騎輕遊更能體會地方的情感，溫候與光彩色澤的環境細微變化，旅遊放鬆的功能才能入心。開車風景一掠即過，浮光掠影僅是短暫的美麗，缺乏對環境氛圍的情感融入，無法感動人心。而目前國外許多旅行愛好者，都以步行的形式旅遊，且行之甚篤。

張隆城安排這樣的活動，當然出於對澎湖的信心。

他認為澎湖是最適合步行旅遊的地方：「這裡空氣好、車少人稀，有很多地方適合遠觀，有更多地方適合近賞。套句廣告詞就是『你可以再靠近一點』！」

他深信：「活動量不一定要多，但得次次感人」。

兩次健走皆由國家風景管理處出發，目的地湖西，主因是湖西鄉一直是被旅客淡忘的地方，卻因為這樣的淡忘保留了更多澎湖的原味，風景也絕美少受破壞。

澎湖國家風景處希望藉此喚醒人們對湖西的記憶。

除了原有的隘門、林投、尖山沙灘沿線，湖西還有許多值得深入走訪的地方。

尤其這兩年南寮地方的發展非常迅速，在當地村長趙嘉協及社區發展協會理事長陳有擇的合力推動下，成功地將落寞的南寮轉型成最具澎湖原味的南寮，吸引了本地及外地的大批遊客到此一遊。

另外，澎湖國家風景管理處101年起開始主推奎壁山，為澎湖冬季旅遊的推展做準備。

談到北寮這一處景點，它具有相當令人震撼的世界級景觀，是他處罕有的景致，且對澎湖觀光最有助力的是四季皆可遊，不因季節讓遊客失去旅遊興趣。

但早期很多人只知道北寮奎壁山海邊退潮後，可以經由步道走向對岸挺立於海中央的赤嶼一遊，體驗沿途潮間帶的生物種種，以及海水親吻腳踝的沁涼，很少人能夠幸運地正好遇到退潮時「摩西分紅海」的震撼場景。

同仁張良苗在張隆城的鼓勵下，精算出每日漲退潮時間，與他精心拍攝退潮時水波成Z字形連續波動向兩邊漸漸退開的感人景致，同時上傳到FB，讓這個地方不僅有更安全的踏浪步道親水體驗，更有潮汐水紋的動人，成功地帶動北寮奎壁山四季

的旅遊人潮。

　　澎湖國家風景管理處的
同仁也參考世界各地旅遊勝
地推動觀光的方法，推出
「過步道，領證書」的活
動，只要遊客在退潮時渡海
拍照，上傳至FB，便發給一
只渡海證明，這個活動在推
動當時也引起很大的迴響，許多本地居民近水樓台，馬上
體驗且領證，讓澎湖北寮踏浪步道的聲名迅速自網路竄
開。這也是張隆城所謂的鄉親傳達的故鄉之美少掉行銷的
商業味，更具真實感的強大力量發酵。

領騎服務遊菊島　史蹟開放深度行

　　張隆城也非常推崇澎湖的單騎活動，認為「沒有一
個地方比澎湖更適合騎腳踏車旅行。」

　　他急切地希望遊客能多嘗試到澎湖旅遊的不同方
式，也努力在推陳澎湖旅遊的新亮點。

　　「澎湖旅遊集中在夏季，跳島、騎摩托車四處遊
走、水上活動……這些遊澎方式都很好，但無法深入
體驗真正的美。」

　　因此，澎湖國家風景管理處在網路上公布十幾條自
行車道以及沿途私密景點。為免遊客不識車道行經路線
的美麗與意涵，失了這單車遊澎，深入靜賞地方的美
意，張隆城規劃了全台首創的領騎服務，只要團體騎腳
踏車遊覽澎湖，便安排一位領騎導覽，帶旅客深遊菊
島，深入澎湖。

領騎服務感動不少以此遊澎的旅客。

103年三月的春假假期，一群來自台南的女大學生，輕裝便囊渡海來澎成為首批接受澎湖國家風景管理處領騎服務的旅客。這群未曾有過長程單車旅遊的年輕女孩，在澎湖縣自行車協會趙總幹事親自領騎導覽下，輕騎深度走訪世界最美麗海灣。

她們由湖西黃金海岸濱海自行車道到北寮地質公園，走在赤嶼踏浪步道幻想摩西分海神蹟；再沿著北寮風力園區濱海車道行經龍門、林投、隘門、山水及嵵裡，飽覽澎湖海岸澄澈的藍天碧海與廣闊潔白細緻的貝殼沙灘。

沿途，初吐新芽的天人菊在輪邊蔓延出廣闊的花海；涼爽的海風吹散陽光的炙熱。全台最美麗的自行車旅遊環境及最貼心、最專業的領騎服務，讓這群女學生

經歷一趟最難忘、最令人感動的旅程。

　　除此之外，澎湖地區雖不若金門前線戰地文化的內容數量多且巨大，但在全面裁軍之前，這個地方的軍人密度可以說是僅次於金門地區，軍事遺址也算不少。

　　102年間澎湖國家風景管理處也將澎湖早期的軍事密境作了規劃整理，讓這些深埋於銀合歡叢林間或居於隱密地勢，少人知曉的軍事文化見諸世人。比如西嶼東臺軍事史蹟園區————東昌營區的開放。

　　張隆城的做法依然是讓澎湖本地的媒體、居民先知道這個地方，了解他在澎湖歷史過程的重要地位。他覺得這是非常重要的一件事，因為觀光景點的推展需要的是在地的力量，從本地居民口中說出這個地方的特殊性、值得一遊的美麗，商業行銷的意味降至最低，卻最具有影響力，更能自然地推動澎湖的觀光。

　　尤其是目前網路互動頻仍，鄉親了解故鄉的美後，更能利用FB甚至口耳相傳，邀約更多人來體會澎湖的動人，這樣的行銷力量更強、更勝於官方宣傳網絡。

　　是啊！反其道而行，把觀光的內容推給在地，讓在地人更深入體會地方的種種，激發愛鄉之情，讓民眾更愛自己的故鄉，更珍惜自己居住的土地，那種深愛會自然地傳遞出去，引發到此一遊的需求。因為觀光旅遊不只在形貌及視覺上的遊歷，更要入心。而這入心除了景物傳遞的深入內涵，人的情感是不容忽視的風景。

世界最美麗海灣　沙灘遊程細規劃

2013年澎湖正式授證成為世界最美麗海灣的一員，成為這個組織的成員絕非易事，足見澎湖的海灣在全世界海洋國家中的高度不容小覷，但澎湖人並不把它當寶。

張隆城有這樣的體驗：「許多從外地來到澎湖的人，看到澎湖的海洋簡直驚為天人，但澎湖人卻不自覺。」

感受不到它的美麗，便不會去包裝行銷，這暴殄了自然美景。

因此澎湖國家風景管理處之後幾個年度的活動重點也會放在海岸行銷，將陸陸續續做海洋美景與文化的展現。

前國立台灣藝術大學校長黃光男來澎時張隆城曾經把自己的構想告訴他。他覺得澎湖是一個很有文化的地方，海洋文化、常民生活文化都非常豐富且多元，因此他想在這「世界最美麗的海灣」的沙灘上，舉辦大型的藝術展。

這做法特殊且結合在地文化元素，黃光男相當附和。

103年澎湖國家風景管理處開始主力推動沙灘。

其一為蒔裡。

那是六、七0年代澎湖唯一的海水浴場，設有淋浴與更衣設備，本地人戲水戲得歡樂，也是外地人到澎旅遊必到的景點。

當時蒔裡廟前馬路與海岸線相連處尚未建築堤防，每遇颱風

大浪，路面上白沙鋪陳，但也是沙灘腹地最廣、景色最美的時期。尤其是沙灘西側近尾端，海浪推積累疊倚在高地成為一坡大沙丘，那是許多澎湖青、中生代的美好記憶。世界少有的滑沙活動曾在**蒔**裡熱烈地進行著。

另外，在目前貝殼館西側的土地上，也設有澎湖唯一的野訓遊戲場，假日常見親子到此遊賞，門庭若市的盛況與今日相較相去甚遠。

目前沙丘已近夷平，十幾年來人們早已漸忘當年榮景，但澎湖國家風景管理處並未遺忘這曾有的美麗，已著手規劃恢復原狀，屆時不僅澎湖人可以拾回記憶，旅客也能有異於他處的新體驗。澎管處將它定位為親子沙灘。

其二是山水。

經過多年的口耳相傳，山水已是年輕人來澎湖最喜歡的戲水海岸，屬於年輕的新世界，各種淋浴更衣設備也做得頗完整，便可順勢而為，營造青春活力的動感沙灘。

其三則為隘門與林投公園沿線沙灘。

在這早期唯一的林地公園，孩子的遊樂場、年少者烤肉同歡的天地、戀愛中青年男女的約會地，澎湖人對這地方有一份獨特的情感。很多學校每年的郊遊、健行或自強活動，目的地就設在唯一有廣大林蔭的林投公園。

由於隘門及林投公園沿線沙灘美景天成，延伸到尖山地帶，是澎湖最長的帶狀沙灘，又因為「隘」字與「愛」同音，因此國家風景處將這個地方投入浪漫元素，塑造浪漫風情。除了隘門沙灘已成型的設備，在林投公園入園長道的花架上及公園內部，加上唯美的燈光佈置，輔以音樂營造氣氛，設置鞦韆、椅子，讓原本給人夜間晦暗印象的公園，成為二十四小時皆可遊賞的約會、談天勝地。

因此，澎湖國家風景管理處將這裡定位為浪漫情懷的真愛沙灘。

三處離市區較近的沙灘先規畫推展出能吸引遊客的亮麗雛形，依沙灘特色舉辦各項活動，尤其是淡季，更要透過活動來帶動人潮。如此執行，其他地區沙灘美景的推動便有跡可尋。

澎湖累積戲曲多──生難忘記憶深

海是澎湖最大的資源，在非主推沙灘海洋美景上，秋帆和獨木舟是視覺上串連心靈美感的最佳享受。點點秋帆，揚行於藍海之上，那是澎湖觀光淡季的最佳臨時演員，成就出另一個季節的美麗。尤其兩項活動都是無動力、低碳環保的遊樂方式，對於保存海洋生態的完整性是最有幫助的。

張隆城在大鵬灣工作時，認為大鵬灣的風浪板是海洋活動中相當有潛力的項目，來到澎湖他發現那是幼稚園等級，澎湖才是高級班。因為加上風力的推動，行船的效果更加，澎湖的海灣地形與風力，更適合這項海上活動。

但澎湖要推動這些活動不容易，原因是大多數人不

知道怎麼玩，不會就不覺得好玩，不想接觸，非常可惜。

因此澎湖國家風景管理處自102年起便與澎湖科技大學合作，推動海上獨木舟與風浪板，如此夏天就來澎湖戲水，7-9月玩風帆，這些揚帆的美景取景起來都非常美麗，尤其在夕陽西下，海面上灑著粼光的同時，揚帆既出落日輝映，連動著觀景人的情感，這是多贏的畫面。

未來張隆城也想結合宗教，因應社會上對心靈成長的需求，在旅遊淡季時辦禪修，住長期。就如同他所言：「只要對澎湖有幫助的事我都願意做」。

104年對澎湖而言是一個契機，中央免簽證大陸自由行每月有500個名額給離島地區，增加了旅行社包機直航的意願。「所以今年我們看好國際旅客會增多，希望冬季的包機直航能落實執行」張隆成對澎湖冬季的觀光充滿希望。

至於旅遊動線若以距離馬公最遠的北環旅遊而言都是自馬公至西嶼沿線遊賞，回程時直達馬公。新的思維

是到達西嶼後不必走回頭路，以旗津渡輪的形式，腳踏車及摩托車都可以上船，轉換交通工具船行至馬公，形成一個環狀的旅程，如此有車有舟交通多元化，風景樣貌有地景有海景，型態多變，是一個相當豐富的旅程。以行船時間西嶼至馬公約15分鐘，風櫃至馬公則僅需10分鐘，交通時間縮短又可欣賞澎湖內海的美麗，不僅對旅客而言是一大福

音，屆時風櫃與西嶼將陸續成為馬公地區的前、後花園，間接帶動島嶼末端各個景點的發展。張隆城向陳光復縣長提出此構想，獲得縣長的高度認同。

另外，虎井、桶盤兩個離馬公地區最近的島嶼因為七美的快速發展而被冷落。但這兩個小島幾乎是澎湖冬季旅遊較有機會成行的島嶼，因為它距離不遠，不必船行至外海，風量不致太大，因此冬季搭船一遊桶盤及虎井的旅遊仍然可行，如此這兩個小島的旅遊便四季皆宜。

澎湖國家風景管理處計畫以桶盤稀有的地景特色，增加它的吸引力；至於虎井地區，夏天可做寧靜的小島觀星露營，冬天可以觀浪，該島里長陳大川目前經營的浮潛釣魚，更是將舊活動加入新創意的好例子，讓許多遊客趨之若鶩。

但，這兩個離島的交通船班不多，常成為遊客到此一遊的阻礙，國家風景管理處對此有了新的安排。

「預計要增加中午的船班，讓想要半日遊的民眾多一個選擇。」張隆城信心滿滿。

其實澎湖冬季的強風是讓地方生態生養休息的好助力，因此國家風景管理處只想讓澎湖集中在六至九月的觀光旺潮，前後各延伸一個月，前推是行之有年的花火節，後伸則希望在九至十月規畫一個主題性活動。

因此國家風景管理處的夥伴絞盡腦汁，希望這一個主題性的活動能展現季節的特色，於是有關「風」的意象主題構思便一步步展開。

比如風的歷史、風聲之美、風中舞動的美麗，可以以自然及科學的方式來展現，或建立博物館展示，讓原被認為是缺點的變成優點。

首先會從公共設施開始執行，正陸續規劃中，以地方文化、風的意象為澎湖著裝，民眾有興趣可以索取懸掛。

這樣的構思，讓人聯想到日本的鯉魚旗，一尾尾在風中亮麗舞動；荷蘭的風車，在旭日下隨風緩緩輪轉；讓人更憶起童年時，國定假日家家戶戶掛國旗，旗海飛揚的壯觀。

澎湖國家風景管理處，這兩年在風的意象建立上，挹注五千萬元，用於風的意象的公共設施與居民生活相接軌的設計。期待今年冬日，風能為澎湖帶來更多多彩的風貌。

張隆城從大鵬灣風景區調升到澎湖風景管理處，已經超過三年，這個職務沒有任期制，潛規則是三年。

習慣性玩笑地問：「你就要棄澎湖而去？你怎麼捨得澎湖人，你怎麼捨得澎湖這麼美的地方？」

處長卻不改幽默地哈哈大笑：「就怕你們不要我。」

生活是一種磨石般的歷練，每一個事件、每一件工作、是一次次對人生深刻的體驗與觀察，一種處世的生活智慧，在綿長卻又短暫的生命時空裡，慢慢累積成一齣齣不凡的劇本。

張隆城在澎湖累積的戲曲，當是他一生中難忘的記憶。

養蚵人家

圖.文/沈淩

海在遠方
那悄然而上的白浪在腳下
和雨落般的汗水同樣鹹濕

在初醒的夏季
驕陽不懂體恤
寒冬不出　盛夏卻狂
曝曬我一身黝黑
燒一季灼熱
留下曾經探訪的烙記

揮灑血汗換來豐足
彷彿六月的溫度
在心底熊熊燃燒出欣喜

伴我以一生　養我以靈體
這沉湛碧濤之下
靜默卻盎然底生命

澎湖白沙城前

澎湖白沙鄉城前這個小小的村落人丁稀落，卻是澎湖浮箱養
殖蚵仔最盛的地方。養蚵人家天露曙光便出海採收，鎮日剖
蚵取肉為生，那汗水如同六月底溫度，炙熱卻溫馨。

沈淩詩卡005

在天地間相守

圖.文/沈凌

高高地、高高地挺起
要為妳摘取那輪
灑著星鑽底薄月

我無彩金可圈住妳底細指
要用身下的紅蕊
環住那永世不離
就像我反手摘月
必比銅鏡清明
映出妳
胭脂花綴飾的紅唇更傾人心

蟲鳴與鳥的驚擾
都悄然退去
又有風聲呼呼地為妳梳理
與我癡心底凝視
在天地間相守

龍舌蘭的花柱，在澎湖的天際綻放，高高挺立的身軀，成為視野平闊的風島，另一處引人目光底風華。

沈凌小卡025

伴孤獨

圖.文/沈凌

孤獨
在你窗前遊走
要盡情掏光你的心
這夜讓誰來為伴
網一天星光為窗花
點一團松風成對影
聞落葉呢喃歡意
孤獨
她是二八年華底少女
雙頰緋紅
眸中斟滿名為溫柔的酒
不喝
也醉

海島的岸邊，住著許多木麻黃。五十年前、六十年前，甚至更早的百年前，她就在那裏，以身軀柔軟地為菊島禦風，如同母親護衛孩子的那雙羽翼，這剛柔並濟的線條，到底藏著對菊島多深切的愛……

沈凌小卡023

海誓山盟　山與海的美麗結合
賴光明與呂愛珠的南投與澎湖之愛

　　位居台灣島之中的南投是全省唯一不靠海的山市，而散落於台灣海峽的馬公是唯一四面環海的海市，兩市結盟姐妹市具有特殊的意義，定名為「海誓山盟」。

　　平凡卻充滿故事性的夫妻賴光明與呂愛珠，一是南投人、一是澎湖人，因愛而在澎湖生根，見證海誓山盟的美麗結合。

山城孩子士校生　有始有終澎湖緣

　　光明士校畢業就被分發到澎湖來，被戲稱其實是「千百個不願意」被分發到這個窮鄉僻壤來，光明堅定地說那是「為國效忠」，這為國效忠卻成為兩地姻緣的起源。

　　二十歲不到就離鄉的光明，隻身負笈到中壢第一士校。那個年代，軍校幾乎是許多貧窮孩子想升學的不二管道，他在那裡就讀到第二年，原需到位於金門的第二士校繼續學業，當時兩岸的關係相對緊張，船接近金門，對岸大陸就透過大功率的廣播系統統戰喊話。

　　「他們一直大聲地喊著連長的名字，讓我們好害怕。」光明形容一群涉世未深的士校學生，面對敵人「未卜先知」的恐懼：「於是，船又原班折回台灣。」

　　是命運安排或是緣份註定？

　　倘使這艘船順利在金門上岸，造就的或許是另一樁「海誓山盟」的姻緣，而月老的紅線真是微妙，光明士校畢業之後分發到第一個海島--澎湖，牽繫出的卻是另一顆怦然心動的心。

　　在光明士官生涯的四年半時間裡，其實也並非全在澎湖度過，期間他曾隨軍隊移防到台中，退伍前又被調回澎湖，服自願役過程的起始都在菊島，三分之二的時間在這裡度過，與澎湖的姻緣算是「有始有終」。

　　初到澎湖的光明被分派到五德雞母塢營區。來時正

逢冬季東北季風狂亂的季節，強勁的冬風長竄過高牆，在營區內張狂呼嘯，再急急竄出揚長飛去，如此繁密而雜亂的呼嘯，在整個營區裡不曾停歇。

冬季的夜晚，天空暗濛得特別快速，人們早早入睡，街燈稀疏的鄉間幾乎一片漆黑，澎湖的星空卻特別清朗，無視冬意的寒涼，閃爍地守護一屋屋安眠。

木製電線桿，歪斜地撐起一條條黑線，在暗夜中兀自孤獨。沉靜的夜裡北風呼呼，狂風宛若成群的頑童，將粗黑的電線當成童趣的跳繩，把玩長繩上下晃動，更在其間跳躍雀喜，咻咻的電線晃動聲，在了無聲息的深沉夜裡特別清晰，也格外令人驚恐。

「這是甚麼聲音啊！」光明打從心裡疑問。

除了電線在風中晃動的咻咻聲。營社內木製的窗框並不緊閉密合，在強風的吹搖下匡啷地震動整夜，不曾安份。兩種聲響合成宛如鬼片的場景，無需聲效也逼真確實，讓初到異地的光明與三、四個一樣來自台灣本島的同室同袍，難以成眠。

讓光明比較新奇的是澎湖特有、神祕的「蒙面女郎」。

澎湖天候特殊，夏有驕陽炙熱，在海洋反射後更會咬肌灼膚；冬有鹹風肆虐捲起群沙，掃過肌膚也會令人疼痛不已。民國73年從事農作與漁業的人口不少，婦女長年在潮間帶捕魚拾貝、在田野裡耕作，為免眼臉髮膚受鹹風烈日所傷，蒙面女郎四處可見。這對初到菊島的光明來說相當有神秘感。

蒙面女郎可以說是澎湖婦女特有的民間工作打扮，也成為本地一個深具文化特色的常民生活形式。蒙面的包覆法極具有地方色彩，一條3台尺見方的花布巾，對摺後自

頭頂對等下垂至臉側，上臉遮至眉間，再將額頭兩邊突出的部分內摺包覆住額頭，讓頭巾順貼著臉，並將巾尾分別拉到腦後打結固定，最後用毛巾對摺橫於眼下，包住下臉部於腦後夾住防止脫落，整個臉部及頸部密不見光只露出雙眼，是非常縝密的防護。

　　也因為蒙面女郎只露出雙眼，這布巾下的容貌如何，便讓人產生莫大的好奇心。

　　蒙面女郎所使用的三尺四方頭巾大都顏色鮮豔，以小碎花為最大宗，因此一群蒙面女郎在一起，便呈現百花繽紛，形成另一種常民文化所展現的美麗風景。

　　近年來社會型態轉變，從事農漁生產的年輕婦女漸少，再加上防曬設備越來越多樣且方便，澎湖婦女蒙面的習俗已逐漸式微，讓蒙面技巧幾要失傳，因此澎湖縣政府文化局特別將「澎湖傳統蒙面」以其蒙面技術為主，提報文建會登錄為澎湖風俗類中的服飾部分，已為地區文化資產保存，創下全國先例，更讓「澎湖傳統蒙面」的特殊生活文化價值得以留存。

　　這樣的獨特光景光明至感新鮮，但對生活及氣候的不適應，若非娶了愛珠，能否在澎湖長住還令人質疑。

年幼父母早離世　恩人捐棺安入土

　　外表看似開朗的光明，童年其實過得並不愉快。

父母離世時光明年幼，但許多痛楚的經歷記憶猶深。

貧寒之家又因父病經濟更為陷落，連口薄棺讓父親入土都無力負擔。

對於父親他記憶遙遠且模糊，腦海中那單薄的記憶，怎麼也搜不出他的身影，只記得一位道壇的負責人捐了棺木給父親，母親過世也是如此。

為感恩大德，他到壇前連跪三天赤忱感謝。每天天亮就跪在壇前，就這樣連跪三天，膝蓋腫起破皮，還滲出血來疼痛難耐。但也因為這三天的長跪讓小小的心裡更清楚這能讓父母入土為安的恩惠深厚如天。因此光明與這位善人至今仍保持聯繫，婚後甚至帶著妻子回南投感恩這位髮已蒼白卻仍濟世救人的好心善人。

愛珠心疼地看著光明說：「好心阿公告訴我，他不曾看過這麼可憐的孩子。」

父親早逝，因此家裡只有他一個孩子，母親接著離開人間時，喪禮上只有一隻癲痢狗陪著孤兒，再無任何親人出現，這場景令聞者也為之鼻酸。

至於記憶中的母親，是清苦孤獨，一個為生活操勞過度的婦女形像。

她在外村的竹筷工廠工作收入微薄，為了養育光明，只要能增加收入，她任何工作都做。一個其實柔弱的女子為了要撐起一個家，也要狀若堅強，在光明的記憶裡她總是默默無語地靜靜做事。

光明卻看得出母親的脆弱，從小就想要賺錢分攤家計，他坦言自己「窮怕了」，「窮」這個字有如蛇蠍猛獸，一沾上身不但親人遠離鄰人也鄙視，還得承受許多無由的汙衊，一生抬不起頭。

賴光明

「以前為了幫媽媽賺錢，常翹課去幫人處理田裡的雜草，母親發現後就用揹孩子的揹巾，把我綁在豬舍內痛打。」光明比劃著母親打他的姿勢，使命抽打要讓他記得自己的苦心。以前被打後，母親還特別在傷口上灑鹽，要讓他牢記今日的疼痛，好好讀書才能出人頭地。

但孩子很天真，痛過後下次一樣照做。光明的想法很單純，無非是想減輕母親的負擔，就算只是一點點的收入，仍有分擔母親重擔的感覺，因此即便常被重打，他仍偷偷行之。

可悲的是傳統思想的桎梏，牽動著光明童年的悲喜。

母親忙於生活，四處工作至夜晚才回家。這天若村內有人遺失物品，母親一到家失主馬上就來告狀。他們一口咬定：「就是那個沒有父親管教的孩子做的」。

光明的母親為了證明光明「有受管教」，並不問明孩子是否真偷竊，就在告狀者的面前痛打他，南投隨手可得的長竹就是「修理」光明的工具，母親長期做粗重工作手勁有力，落在小小的光明身上，自是疼痛難捱，但他心中的委屈其實更甚於身體的痛楚，他滿是疑問與不平：「難道沒有父親的孩子就該被汙衊！」

母親離開後光明的生活更為悽慘。

村內發生竊案，晚上就有一群大人，持著棍棒到光明住處翻箱倒櫃。

在那萬物俱靜的漆黑夜晚，一個風吹草動或人聲漸近的喧嘩，單薄的大門被一腳踹開，人群斥喝與使力翻動櫥櫃的聲音，在光明耳裡如同霹靂雷鳴，他恐懼地蜷縮在牆角，以竹為樑的落魄宅舍，破舊的屋頂灑下一線天光，被揚起的灰塵飄飛如霧，屋角削弱孩子的立處卻暗黯如墨，驚惶的瞳孔裡映出盜匪般大肆翻動的狂亂，猙獰面孔衝動出弱子底驚懼。在漆黑的角落，一雙圓白雙眸瞠目大睜，寫現身軀的顫抖。

窮苦人家傢俱簡陋難以藏蔽物品，搜索也不消多時，落空的村民手中的棍棒卻依然不會輕饒孤兒，似乎來了這一趟，便要有所發洩，那棍棒的重力，狠狠地如驟雨般落在他瘦小的身軀，殘如惡煞。

倚縮牆角無處可躲的光明最害怕卻也最期待這一刻，因為棍棒齊下，痛擊完他們心中咬定「無父無母管教的野孩子」，洩了心頭怒氣的人們就會離開，今天的事件就會落幕，那恐懼緊繃的心也會稍稍鬆懈。

好幾次光明期待他們能一進門就痛擊自己，如此便可縮短過程中的煎熬。

無父無母竟是錯，在光明悲情童年的山城歲月裡，這排山倒海而來的不安日日侵蝕。

孤苦無依的光明只有一間蔽不了天光與雨水的破屋，他身無分文，下課後就去香菇寮打工，領了錢買一包泡麵和家裡的兩隻貓狗分享，收留同樣命運的牲畜，至少在這山間陋屋有了生命的互動，沖淡那由四面八方襲來的孤寂。

光明到現在還害怕孤獨與黑暗，對暗夜的恐懼來自於無父無母的淒涼。

愛珠的成長過程父母健在，結婚初期，她無法體會光明曾經經歷的苦，有一些光明特有的行為，她實難以理解。婚後光明身上被打的痕跡猶在，回到南投老家時愛珠看到門後立著幾十隻竹棍，都是童年棒打光明的工具，開始心疼丈夫對夜的恐懼。

愛珠不捨地說：「晚上睡覺時他一定睡在靠牆的地方。」

似乎唯有靠著牆才能讓他的恐懼找到依靠。

他習慣蜷縮在牆角，如受驚的穿山甲，以為弓著背將自己包覆如球狀便能安然，這也是他童年被打時的自保姿勢。那不堪的處境，竟在人生中留下如此深痛的烙印，即便已成大人身軀、已有家庭的美滿溫暖與愛，仍無法完全退除驚恐，那晦暗的烙痕竟深層地穿骨入心深入臟腑，常駐於體至無法驅離。

愛珠說丈夫一直喜歡熱鬧，想必是童年孤獨度日的冷清，讓他對「獨自」或「靜謐」感到惶恐。

家裡沒有其他人時，光明一定把電視開得很大聲，似乎用電視的音量，就能趕走對寧靜的恐懼。

愛珠體會出光明的孤單是在婚後自己先下班回家，光明還未到時，他獨自面對四面白牆，凝住的空氣、沒有人聲的夜晚，內心特別容易空虛。

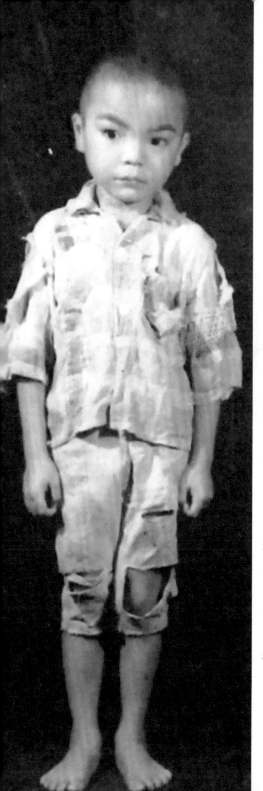

「沒人和你說話，電視沒開就沒聲音，我才領會--孤獨真的很可怕。」

愛珠體會的其實沒有光明的十分之一，甚或百分之一。愛珠等得到光明歸家，但完全無親人的童年再如何等待，也等不到家人的身影，除了漆黑孤獨的恐懼，更隨時可能挨打，身體受痛的創傷，是身與心的煎熬。愛珠的孤單只是一種寂寞，對光明來說，恐懼的成分絕對大於孤獨。

53年次的光明，談到自己童年的貧困相當淡然，似乎不願再憶及這樣的痛，童年樂少懼多，酸楚常占據整個生活空間，那段記憶不談也罷，但卻時時侵襲成長後的心靈。

妻子愛珠說，自己常拿光明童年唯一的一張照片給孩子惕勵，要孩子懂得惜福感恩。

「連我母親看了都不

相信這個年代還有這麼窮困的孩子！」愛珠形容照片中的光明衣衫襤褸，衣服上補了好幾次破損。童年的光明何來新舊，拾來的破衣直接縫縫補補湊合穿，有得蔽體已是幸運。

夫妻童年強對比　快樂酸楚反差大

　　光明不太愛談他的童年，愛珠卻喜形於色。

　　談到澎湖童年的記憶，相較於光明的悲淒，她顯然是幸福且快樂：「我其實很喜歡澎湖的野地。」

　　五十年代出生的孩子，成長過程的家庭經濟，雖然不若四十年代清苦，但大多數家庭仍相當困難，除了三餐飽腹極少家庭可以買得起零食，滿足孩子一時的口慾，嘴饞的孩子便得自己尋找吃食。

　　記憶最深的是，黑紫發亮甜蜜得足以收服每個孩子的心的「黑甘仔蜜」（澎湖野草，澎湖孩子食其果，台灣稱黑甜仔菜）；還有好似躲在澎澎裝裡，青綠色的「泡仔蜜」（澎湖的野草，果時可食），都是鄉下孩童在埔地裡玩耍，隨手可取的解饞「水果」。

　　光明皺起眉：「那哪是水果，塞牙縫還不夠，在南投鄉下水果四處都是。」

　　百香果的果實隨地撿拾，用手撥開黃色的汁液溢出，酸甜的口感令人垂涎；許多果子在宅邊的枝上垂掛，爬上樹，隨手摘了就啃。

　　「那才是真正的水果。」他忍不住搓嘴，對當年物資缺乏，成長在澎湖的孩子，「水果」這兩個字相當遙遠，許多食物常令成長在台灣的孩子訝異不已。

比如高樑頂端的
「稄秫烏」（稄秫：高樑的
澎湖腔語），宛如一塊塗
炭，吃來滿嘴烏黑，那
說不出來奇怪的味道，
讓嘴饞的孩子得以解
飢。除此我猶然記得雞
冠花朵基底的甜蜜、欖
仁樹仔澀口底微酸。

最特殊且令人覺得不可思議的「零食」是明生舅媽曾
經提起的「紅土」。他們撥開一小塊赭紅的泥塊往口裡
送，咀嚼之後讓它下滑入腹中，澀澀怪怪的滋味，但卻
是口中特殊的回憶。

彷彿只要有點味道的東西，在貧困孩子的口中便能
發酵出另一種芬芳。

愛珠很回味稚時自然零食的味道，與光明送水的途
中如果經過長滿野草的荒地，從小的經驗告訴她，這裡
有童年成長過程的美味。

於是她常要光明停下車來，隻身涉足草群尋找遙遠
記憶中「泡阿蜜」和「黑甘仔蜜」的蹤跡。

她愛極了那種感覺：咬破「泡阿蜜」時如番茄仔的汁
液在口中流動，微微的甜蜜很能挑動味蕾。

那是童年美麗的記憶與滋味，入口的同時，也恍如
回到青澀年代，穿著英雄牌夾腳拖或赤著腳丫在曠野裡
奔馳的日子，即便歲月如梭、任憑時光流轉，許多生活
歷程已然遠去，兒時的甘美依然烙印心中。

這樣的生活與來自南投山城的貧子相較，不同形式

的甘苦很難評比，但澎湖的孩子沒有太多可以唾手可得
的零嘴，貧脊的土地資源，訓練出他們特有的生存與自
娛力。

　　愛珠的童年是樂多於苦，讓光明的酸更顯悲情。

兩袖清風蝸牛床　誠意打動岳母心

　　談起當初相識，光明在澎湖當兵時已認識愛珠，婚
前他不敢確確實實地告訴妻子自己的狀況，深怕好不容易
得來的情感就此消失。交往一段時間，他坦言自己甚麼都
沒有，兩袖清風，唯一的家當是南投一間破舊的老屋。

　　他對愛珠形容自己那家徒四壁的舊屋，簡單的家具
陳設外一無障物，睡的是蝸牛床。單純的愛珠還為此興
奮莫名，以為蝸牛床是什麼特別的家具設計，到了南投
才知道光明的家沒有床，他睡在地上，被鋪捲一捲席地
而睡，就像蝸牛的身子蜷曲在殼內以大地為床。

　　光明的面貌不能言帥，甚至也沒有能讓女性一見傾
心的外型。長相堪稱標緻，皮膚細緻的愛珠，選擇光明
莫非因為他出於真誠的愛心、以及少人能比的熱忱。

　　愛珠認為人的長相不一定要美，但一定得要有一顆
美麗的心，美麗的心重於外在的俊俏。

　　愛珠並非重利的女人，不會看中一個人的經濟狀況
較佳因而下嫁。

　　她看到的是光明那顆柔軟的心。

　　但光明實在太窮了！似乎沒有足以讓愛珠安穩度日
的經濟能力，母親不忍心女兒婚後受苦，在他們交往期
間就非常反對，不想接受這個女婿。

　　當年水梨價格不低，一般人不可能常常吃，以光明

的經濟能力，要買幾顆水梨去探望女友母親，應是深具誠意了！然每次光明提著水果準備和準岳母建立關係，卻都被無情地丟出門外。

光明不死心，只要有空一定到愛珠家，希望能以誠意打動，經過一番努力最後終於如願以償，岳母雖然不贊成，但至少出席了婚禮。

他們認識兩年結婚，光明的經濟並不好，老家是幾乎頹倒的竹樑屋，愛珠姊姊們都嫁得很好，這個么女居然嫁個貌不驚人的窮小子，沒有錢辦婚禮於是公證結婚，南投的家裡沒有床得睡在地板上，連結婚戒指都是愛珠自己買的。

愛珠的媽媽眼眶含淚不捨的對她說：「妳嫁給這麼窮的人。」

光明感覺得出岳母初期真的很討厭他：「我想去岳家吃個飯，她會毫不留情地把我趕出去。」

雖然如此，光明還是很感恩愛珠的母親願意參加他們的婚禮，也因為自己已無父無母便把岳母視為親生母親般侍奉，即便岳母不喜歡自己，他仍細心觀察她的需要和喜好，投其所好地一步步建立關係。

比如岳母最常生活的空間，像是廚房少了甚麼東西，流理檯該換了，他一定在岳母需要時適時看出，默不吭聲的把壞的、舊的東西換成新

物，該修理的光明一定搶先動手，沒辦法處理也火速請師傅來修好。

飲食部分，只要岳母喜歡吃的東西，一定想盡辦法辦到。雖然剛開始還免不了被丟出門外的命運，但光明仍不放棄，他這樣做無非是不想讓愛珠夾在兩人之間。時間一久岳母也看出光明的真誠，漸漸接受了這個女婿。光明自我調侃：「有空沒空我都會滾回岳母家一下。」

只要有空一定去陪岳母聊天，解她年老子女離家的孤獨，光明與岳母相當有話聊，有時一聊就是好幾個鐘頭。

此外，過年過節及母親節、岳母生日等這些重要的日子，他一定不忘包紅包，還會花七八百元買一束鮮花親手送給岳母，愛珠形容，那天母親的笑容就跟那束花一樣美麗燦爛。平時如果收入多一點，他會再偷塞幾千塊給她零用，讓岳母開心。

這樣的動作也讓愛珠媽媽放心，女婿能給的越多，表示家庭經濟更寬裕，女兒的生活也更穩定。

愛珠母親是廣播節目的忠實聽眾，雖然電視聲光刺激已經擄獲許多人的心，她仍喜愛透過收音機傳出來的廣播節目那種神祕且似遠卻親切的感覺，可以隨身攜帶的便利，如同二十四小時陪在身旁的「聲伴」，總能解其孤寂。

對於收音機的選擇，光明四處詢問最好、最適用的牌子，雖然價錢高了一點，他仍透過關係咬牙買給岳母，讓她喜歡得更是時時隨身。

有一次這收音機故障了，愛珠買了新的回去送給媽媽卻反被嫌棄：「還是光明買的卡好啦！」

這讓我想起台語演員馬如龍與也是演員現任妻子沛小嵐的故事。

賴光明

　　沛小嵐與馬如龍相差十六歲，結婚時馬如龍已離過兩次婚，育有七個孩子，其中兩位是馬如龍弟弟的遺孤、五位為前兩任妻子所生，後來沛小嵐又為馬如龍再添兩個孩子，加上婆婆，她常說自己帶了十個孩子。

　　她對孩子一視同仁，也把婆婆當孩子「伺候」，每次發零用錢每個孩子各發50元，到了婆婆她總是俏皮的說：「妳比較乖，給你一百元。」婆婆聽了每天都笑嘻嘻的接受。

　　馬如龍每個月固定給母親幾萬元的零用錢，卻比不過這每天一百元的威力。馬媽媽常常向女兒告狀，說馬如龍不及媳婦照顧她，媳婦「每天都給我錢」。一天一百元，一個月不過3000元，卻深深收買了婆婆的心。

　　另外馬媽媽喜歡吃柿餅，沛小嵐就到處找好吃的柿餅給婆婆吃，有一次馬媽媽當著馬如龍的面說：「你老婆常買柿餅給我吃，你都不會。」

　　馬如龍聽了便到老婆常買柿餅的地方，買回一模一樣的柿餅孝敬媽媽，媽媽卻嫌棄的說：「真歹吃!還是媳婦買的好吃。」

　　一樣的東西不同的人買來卻感受出不一樣的滋味，光明與沛小嵐都同時用心地抓住了另一半母親的心。

　　愛珠家只有哥哥一個男丁，但不擅言詞，與母親常說不上幾句話，積極與岳母培養感情的光明常喜歡逗弄老人家，岳母一個小變化他看在眼裡馬上讚美。有一次岳母換了新髮型，他除了讚美岳母漂亮，還掏出200塊塞給岳母說：「明天再去洗一下頭。更漂亮!」

　　「因為光明，媽媽就又『多了一個兒子』。」愛珠發現老人家很喜歡被重視的感覺，光明給媽媽的就是這

種感覺。

丈夫的努力愛珠看在心裡，深深感動。

這原本被全力反對的婚姻，在光明有心的經營下，讓他成為所有女婿中最受寵的一位。一個童年失怙的孩子，也渴望從岳母那裡尋回失去多時的親情，這雙贏的互動，來自於光明的長期努力。

「媽媽現在對他特別好，幾天沒看到人還會唸著光明。」愛珠笑說：「反而女兒沒那麼重要了！」因為初期母親的反對，愛珠對自己訂下了一個原則是報喜不報憂，希望讓母親對光明更為信任，更有信心。因此不管夫妻因任何大小事吵架，她一定不會回家哭訴。

愛珠上有四個姊姊，婚姻中偶有磨擦都會向母親尋求安慰，但愛珠不曾。有一天母親突然很疑惑地問她：「怎麼從來沒聽你告過光明的狀？」「自己選擇的，好壞都得承擔。」愛珠心裡很確定。

談起當初光明的窮困，愛珠並不覺得那是羞恥，他們的婚禮簡單到令母親心痛，連婚戒都是愛珠自己花錢買。

「他除了自己開間勉強可以餬口的小店，還外出兼差幫商店送飲料增加收入。他很勤勞，勤勞又愛家的男人很難找。」愛珠就是看上光明這一點。

愛珠家人對光明的愛讓光明可以長住澎湖，另一方面在澎湖建立的朋友關係，也是當初決定留下來的原因。

澎湖人很疼愛光明，有好東西總不會忘記這位心地善良的朋友。

清晨五點天方微亮，光明家電話鈴聲便劃破寂靜：「喂！來拿小管啦！」

小管船在夜間出航，靠著小管的聚光性，以巨量的

燈光吸引成群的小管靠近再捕撈，為了保持最好的鮮度通常在船上就立即處理，蒸煮過程完全在船上進行，新鮮的小管在第一時間處理，最能留住鮮度與甜度。

光明的船長朋友在船一入港便想到他，於是光明在朦朧中甦醒，睡眼惺忪地驅車前往，拿著一大包熱騰騰，用聞的就感受得到甘甜味的小管載回家再睡回籠覺。

他覺得澎湖與他的故鄉南投，都有著濃濃的人情味，這也是他在澎湖這個與山縣截然不同的海縣能「異鄉如故鄉」的原因。

感恩之心力回饋　博節儉用義助棺

光明愛妻且愛家，但婚後的愛珠卻「做得很辛苦」。

原因在光明除需養家活口外，仍須以童年受扶助的感恩之心回饋社會。

光明童年喪父喪母受到好心人義助棺木安葬雙親，這樣的受助歷程影響光明甚深，他感念自己所受的恩惠，行有餘力也回饋付出。所以澎湖地區的困苦人家有喪無錢可買棺安葬，他都會以回助的心捐棺助人，這樣的做法讓努力工作的光明與愛珠在生活上一直無法富裕。

有時整個喪禮的花費要十幾萬，光明和愛珠送水為業又得扶養子女，初期收入不多，他常把一日所得扣除家庭的必要開支，剩餘的都拿來幫助別人，有人問他這樣日子不會過得很辛苦嗎?光明覺得心裡快樂就好，受人恩惠若不知感動，再將自己所能回饋給社會，福報會越來越少。

這樣的善行，他不曾向人收過一張感謝狀、不曾留有影像紀錄。但澎湖的媒體及警界都知道他樂於為窮

人家送最後一程。

澎湖時報記者吳清池就曾引介竹灣一戶困者認識光明，時任派出所所長的陳建彰更協助他處理捐棺過程的瑣事，就連時報董事長許朝鑒也對光明的善舉豎起大拇指說讚。

談到他的低調，甚至連幫助過誰，自己都忘了。曾任鎖港派出所所長的林清鑫就提醒他，在他任期間「你就捐了兩副。」

這樣「健忘」，他卻說：「盡力做到就對了。」

光明賺的錢有很大部分用在佈施上。愛珠對光明的施付並不敢告訴母親，深怕她會因此更為憂慮兩人的經濟狀況，但母親似曾耳聞，偶而會試探性的詢問，愛珠因此常告訴母親「人或多或少要佈施才好」。

初期母親很反對，覺得經濟並不寬裕，還要幫助別人，那女兒豈不過得更苦。

其實剛結婚時愛珠也因為沒有安全感而反對。

愛珠為在有限的收入下，還得要撥出一筆錢義善助人感到苦惱：「他每捐一副棺木我們的生活就必須更節儉。」

並非做大事業的家庭，每一分錢都是靠勞力提水賺來的辛苦錢，平常已經夠省吃儉用了，遇到需要幫助的人，得更「儉腸捏肚」。

光明曾多次一個月內佈施兩具棺木，六萬元在一般家庭不算是小數目。

「為這六萬元我提水提到腿軟。」她差點斷然離開。

光明告訴愛珠：「付完孩子學費後我們有得吃有得住就好，我們有兩隻手可以再去賺錢。」

他每次佈施時都告訴愛珠：「我算過，我們夠用。」

這「夠用」就是三餐得飽，沒有偶而奢侈的可能，努力幾年後，他們的收入已經不少，但很多錢用在幫助別人。有一段時間愛珠很憂慮日子是否要回到光明童年時的貧困，心中的不踏實感、危機感卻仍時時浮現。

光明形容妻子有一次翻開存款簿，她很無奈，那種表情就是『唉！怎麼努力了半天存款還是接近零』的感覺。

愛珠越來越了解光明的心之後，開始支持先生的作為、支持先生的樂善好施，她常對光明說：「沒關係，如果你的心能過就好！」

愛珠現在出自內心地願意跟著光明這麼做，在能力所及的範圍內，他支持丈夫回饋當年受幫助的恩情。

但在長期助人的過程中，也曾受騙過。

一個朋友告訴他，有戶人家無錢安葬需要現金三萬元買棺，這位朋友希望光明湊錢給他讓他協助買棺助人，光明真的想盡辦法湊出錢來。

一段時間後這位朋友卻拿錢來還，並坦言當時是湊不出孩子的註冊費，才會出此下策欺騙他。因為光明的實在，讓他感動又不忍心，所以手頭寬鬆後就立刻還錢。

賴光明

　　光明容易相信別人，不曾追討，認為人心都是善良的。但被騙了很多次他學會去看現場，確定救助的事實，每次看見悽慘的狀況，他的心就糾結在一起，掏出錢來幫助這些人便很自然也很真心。

　　只是拿錢去給土公(殯葬業者)時，土公每每覺得奇怪，為什麼十元硬幣這麼多？莫非是剛剖腹了大豬公(存錢筒)，也懷疑「光明家的豬公還真多，每做一次善事就得殺一堆豬公。」

　　但他常常只是笑著應對：「也是錢啊！」

　　其實那是光明送水收到的錢，一桶十塊錢的水，他靠這樣的所得來幫助別人。

　　光明期待自己的做法能拋磚引玉，因為靠一個人的力量太小了，沒有辦法幫助更多人。

　　看見需要幫助的人沒有付出心意，光明最先過不了的就是自己的心。數日輾轉難眠，心中忐忑糾結著對方的痛，這感同身受的悲憫之心來自於他童年也曾經歷的苦。

　　然，因為幫助人而得艱苦自己的生活，如果不是夫妻同心，有共同的理念很難長久維持。

　　愛珠不會把錢看得很重，她覺得很奇怪的是「每付出一次就會再賺一筆」，冥冥中似乎是光明捐棺義葬的往生者來表達深切的謝意，讓他們付出的愛再回到自己身上。

　　她肯定地說：「上帝會為好心人再開啟一扇窗。」

　　這扇窗讓光明的家計不會因此掏空，雖然不能大富大貴，光明的熱心讓他在各方面都獲得回饋。

　　後來光明為了要給妻子安全感，也為了孩子越來越龐大的學雜費，每年設定佈施兩位，這不僅安了愛珠的心，也讓光明對童年時，代辦父母後事者感恩的回饋心

得以保持。

　　相處近三十年，兩個人相互珍惜，愛珠認為要找到一個心地如此柔軟又愛家顧家的男人並不容易，對光明來說，可以容忍他把賺來的錢不斷佈施出去更不容易。

　　愛珠信主、光明信佛，宗教不同不相牴觸，她常對主說：「要能讓我賺更多錢，我們才有能力對社會奉獻，你能不能讓我再賺更多的錢！」

原鄉記憶聲聲喚　竹筍滋味時時念

　　已經在澎湖近三十年，光明仍覺得自己無法完全適應海島的環境。即便故鄉的童年有著許多蒼涼記憶，他還是喜歡屬於自己原性的山區。

　　喜歡在清晨的山林裡尋見筍芽冒出土地的興奮；喜歡向著對山嘶吼後那一波波彈回的親切回應；喜歡在昏黃的山嵐間幻化為凡塵仙人的飄渺。他更喜歡山間空氣的沁涼，連肺部都能深體的涼意；也深愛溪水潺潺流向山谷的音韻，與林間夏蟬輕鳴底應和。

　　這種種自落地那刻起已埋種在他心底的原鄉呼喚，每過一段時間便再次響起。

　　談起南投山區的吃食，光明雙眼頓時有神，他覺得投、澎兩地的飲食差距相當大。

　　處於環山中的南投縣竹林遍布，竹筍的種類與產量驚人，產地現採現煮甜嫩有汁，僅清水煮熟就如餐前水果般清爽。而運送幾日才到澎湖，已經漸漸老化的竹筍口感相去甚遠，不論如何精湛的廚藝烹調，都無法與在當地食筍相較。

　　光明常想念故鄉的蔬果，念得深時，便託友人寄來

109

大批的桂竹筍,讓他能夠一饗思念。每次故鄉寄來,一次便是一百包,真空包裝便於久藏。

他最喜歡拿來燉排骨,油脂的香氣加上桂竹筍特有甜味在空中縈繞、在鼻間穿梭,彷彿又回到幼時故鄉母親懷中的溫暖。

妻子愛珠說光明只要一看到桂竹筍,就成天開心,像一個手中抓滿糖果的雀躍孩子。

對一個山城之子,島嶼的環境是讓人很難適應的,連呼吸的的氛圍都是如此陌生。環境加上飲食,這兩種身體最重要的支持元素未能適應,光明為何在部隊退伍後續留澎湖,而非回到他的山城山居,澎湖的人情味與愛妻的心是主要因素。

「這個地方其實和南投也有類似的風土民情,人很單純不會耍心機、人情味很濃、好客熱情……」光明細數兩個故鄉的共同點,彷彿女子對娘家和婆家皆具深情。

結婚以後,由於妻子愛珠除了外出旅遊從來未曾遠離這塊土地,她所熟悉、眷戀的親朋好友都在島上,根本無法放下新鄉遠赴南投故鄉居住,光明於是決定留下。

光明說自己如果將愛珠帶回南投,便如同將妻子囚禁在環山的縣地。長期居住那裡,南投少有鹹水魚類,對從小吃食海鮮長大的愛珠無異是一種折磨。

愛珠也曾與光明在南投住比較長段的時間,試圖適應婆家的環境。

那是一棟有歷史的老屋,以竹為樑、稻穀米糠以及水泥混合成的土角為牆,在風雨日月的洗禮下充滿歲月的刻痕。土角屋容易藏蛇,顏色斑斕且花紋瑰麗的錦蛇,有時一大綑就在院內,瑟縮著身體彷彿一夜安眠。

賴光明

剛到南投的愛珠並不怕無毒且少有攻擊性的長錦蛇，反而覺得牠身色漂亮，最不能適應三餐都是筍類的生活，孟宗筍、笈白筍、桂竹筍……

她嘆口氣說：「剛開始回南投居住的日子，桌面上照三餐輪流地陳放著各種筍類，讓我很難有好胃口。」

與澎湖人餐桌上常不止一盤海鮮一般，想來光明在澎湖也有相同的無奈。

因為想著故鄉的鹹水魚，愛珠不嫌遠地騎一個小時的摩托車到鹿谷鄉的竹山寺，就為了買兩條和故鄉一模一樣的「紅目眶」（紅目鰱的澎湖俗稱），因為路途遙遠，每次到竹山寺，他都一口氣買三天份的「紅目眶」回家。

「紅目眶」魚讓愛珠的味蕾接收到熟悉的故鄉味，滿足她眷戀故鄉的情懷。

愛珠很喜歡婆家環繞的高山，風景秀麗的山景如國畫仙境，晨起從住所外望，黎光透出，山霧在風間漂流，山影在前景朦朧的白色輕霧中益發美麗。

煙藹自山巔降下，國畫潑墨的景緻如置身王維的終南山詩「白雲迴望合，青靄入看無。」怎麼看都顯詩意。

山間的寧靜讓蟲鳴鳥叫更為清晰，節奏規律的旋律讓人心平靜，炒茶的香氣自空氣間漫出，茶香便環繞著你的呼吸，如影隨形地鎮日撲鼻。

傍晚，山鷹巡禮峰端，自頂間垂降滑翔於谷間；山風就在身側掠過，如戀人的溫柔輕撫臉龐。

鄉下的鄰居尤其熱情有人情味，清早打開門，一大把甘蔗就在門前橫躺著，或者在竹筍盛產期，屋外的空地橫散一堆新採的竹筍，沒有署名，也不會特別有人來告訴你這些蔬果是他們的分享。常常，食物已經入腹無

賴光明

跡還不知道是哪位好心鄰居的愛心。

「竹山鄉親真的很有感情，人情味比澎湖更濃。」
愛珠細數南投婆家的種種。夜不閉戶的大同世界就在這
裡發生，坐月子時沒有婆婆的愛珠也感受到鄰居的愛
心：「鄰居媽媽，端著熱騰騰的麻油雞進家門，好像我
有好多婆婆。」

成長後回到故鄉的光明也深受感動，童年那段不堪
的記憶已然遙遠，故鄉的美好再次深入他的心。

但愛珠就是不能忍受沒有魚的日子，那時她懷有第
一胎。對故鄉的渴求更甚，如同游魚之於水，飛鳥之於
天空，在幾乎少有魚源的南投她度日如年。愛珠形容自
己是「天天跟老公吵」，於是坐完月子他們便緊鎖南投家
門，飛回澎湖了！

相較於愛珠難忍無魚之日，光明對魚並沒有特殊的
愛好，唯一喜歡的大概就只有白帶魚。

每個地區的飲食習慣都有一些相似性。馬公與南投
兩市「海誓山盟」締結姐妹市的盛會上，他們認識了另一
對妻子是南投姑娘，先生是澎湖傳統捕魚郎的夫妻，發
現這位妻子任憑夫家漁獲不缺，卻也始終鍾愛白帶魚，
或是經過醃製的鹹魚。

愛珠不習慣鹹魚的味道：「鮮魚多好，營養又甜
美。」

光明也喜歡鹹魚其來有自。從小就得在山上砍竹子
幹活，常常一入山就是一天，便當裡裝滿了南投盛產的
筍類和蔬菜，偶有魚類就是白帶魚和鹹魚。

澎湖漁產新鮮，烹調方法常是清水煮滾後下魚與
鹽，方法簡單但鮮美過人，外地人常很好奇，為什麼在

澎湖煮魚,即便不用薑去腥,吃起來還是如此爽口。

光明說他初至澎湖時,有一次到西嶼出遊,看到民眾只是將小管稍微用水汆燙過就直接拿來吃,來自山裡的他認為相當不可思議,驚訝的問:「這可以吃喔?」

新結合的兩個人都不是很能適應彼此故鄉的環境,有時甚至排斥對方的飲食,但二十幾年下來,愛珠承認他也慢慢愛上南投的竹筍,光明雖然最喜歡白帶魚和鹹魚,但也學習嘗試這兩種魚以外的魚種。

夫妻之間生活緊密,新婚前幾年因生活習慣不同口角爭執在所難免,相處方式需要時間磨合。

愛珠與光明與一般夫妻一樣都曾度過那段需要彼此用心適應的日子。尤其母親的反對讓夫妻間的阻力再加一層,他們花了很多時間在建立彼此的依附感。

「剛結婚前幾年,不要因為生活習慣不同或稍有摩擦就談離婚」愛珠對婚姻的經營已有感受:「磨合個五、六年就能夠長長久久。」

磨合以後那原本討厭的竹筍,入口後也能咀嚼出它的甘甜。

光明童年根本沒有機會吃到海產,長大才接觸到「魚」這種食物,他認為自己已經過了學習吐骨頭的年紀。從幾乎不吃魚的地方到每餐桌上都有好幾樣魚的地方,有太多不適應,魚骨頭對他是相當苦惱的事。體貼的愛珠都會先為他挑好骨頭,讓他慢慢接受魚肉。

愛珠的耐性解決了他的困擾。

結婚超過二十五年,也或許是因為相處久了夫妻同心,兩個人都有點類似,晚上如果光明不在家,愛珠還會覺得太過安靜寂寥,似乎少了光明沒人鬥嘴,這家便

賴光明

少了生氣。

　　兩個人其實也很有默契。有時光明臨時想要買個東西回家，回到家發現鬧雙包，愛珠也買了同樣的東西，這樣的默契屢次發生，也不禁令人莞爾。

　　他們依附著彼此的存在，讓生命更為緊密，婚姻更為彌堅。

　　原來，很多事情是需要長期的適應，時間可以讓「不喜歡」的變成「還不錯」的，可以讓不愛的變成愛。但光明很堅持老了要回南投養老，愛珠卻不依。兩人達成協議，春夏在澎湖住半年，秋冬便回南投「度假」，如此兩全其美的決定，不止避開澎湖的東北季風，也可以滿足光明回鄉長住的期待。

　　光明對澎湖許多特產都有正面的評價，尤其對於干貝醬的潛力更是認同，他告訴愛珠，退休後回到南投居住的時間，如果覺得太清閒、太無聊，要批發澎湖的干貝醬去夜市擺攤，既可以消磨時間又可以賺零用錢，不必耗吃老本也不必向孩子伸手要錢。

　　他想得兩全其美，覺得無所事事反而容易生病。

　　兩個人都口說不適應彼此的故鄉，但這情感的延伸，其實卻也愛屋及烏地喜歡著對方故鄉的美。

　　海誓山盟的婚姻之路，平凡的光明與愛珠攜手走來卻一點也不平凡。光明將童年受助之愛回饋於澎湖，讓他贏得美嬌娘的芳心，也贏得鄉親的疼愛，山海的盟約歷久彌堅，如同當初在萬般困難當中依然堅定的愛情。

（賴光明於104年獲馬公市公所推薦為，全國好人好事甘草人物代表）

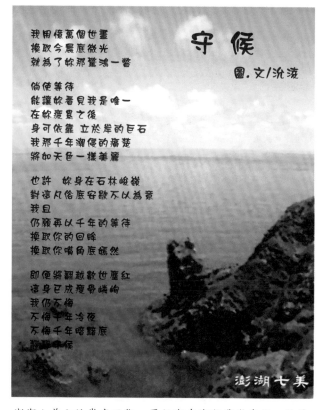

守 候

圖.文/沈淩

我用億萬個世畫
換取今晨底微光
就為了妳那驚鴻一瞥

倘使等待
能讓妳看見我是唯一
在妳疲憊之後
身可依靠 立於岸的巨石
我那千年潮侵的痛楚
將如天色一樣美麗

也許 妳身在石林峻嶺
對這凡俗底安歇不以為意
我且
仍願再以千年的等待
換取你的回眸
換取你嘴角底嫣然

即便將翻越數世塵紅
這身已成瘦骨嶙峋
我仍不悔
不悔千年冷夜
不悔千年暗黯底
靜靜守候

澎湖七美

澎湖七美立於岸底石獅，歷經潮來潮往悲歡歲月，彷彿那深情地男女，靜靜地守候一份累世底真情。

沈淩詩卡001

光影

圖.文/沈淩

所有的記憶　都寫在光影之
流
在長幕褪盡的思緒裡
一點一點地敘述從前

我不曾忘記
你擁抱夕日的光影
彩給我多麼燦紅顏
　那年少寫詩的紛彩
緣　便因此展開

在這高高向海的風島之末
沈醉傾頹的
何只是見多芬的拍岸驚濤
亭亭立然岸的　印記我的亦步跟隨
還有彼此依附著的
怦然心跳

澎湖風櫃尾

澎湖風櫃洞岸邊的望海高亭，前後並立，印記有情人的亦步跟隨。

沈淩詩卡002

浪吻

圖.文/沈淩

搖曳留足
灘上尋尋
在沙漠底
輕花你尋找一朵遺忘了的
風花沫笑著
浪漂淺淺貝殼

流出底
高地矜以
是游一煌旋
濤彭另輝旋

姿態
的黃灘
的雲已層密
雨過那將臨
飛揚著
你秋將臨以
更無蕭蕭是灰外百
留一心椎訴著
與方框無葦
低低秋來了……

澎湖林投沙灘

林投沙灘的秋季，浪輕起。以飛羽的姿態綴飾前季底寧靜，展現如心悸動般的美麗。

沈淩詩卡004

政壇勇猛女將　平實鄰家女孩
澎湖縣議會議長劉陳昭玲的成長之路

　　一周陰晦與炙陽，無定的天候。

　　這日，天候仍無亮白，灰色佔據空中，一早雨點並未落下，有點秋季強度的風，為夏日的澎湖帶來難得的舒適。

　　冷不防的午前下了一場大雨，正午之前卻迅速停歇。

　　午後。我在錄音室靜候，議長辦公室來了電話，詢問在場人數，親切地提醒，馬上就到。

　　不多時，議長和助理拎著禮物神采奕奕地走進錄音室。

劉陳昭玲

甘苦生活 原是甜美的回憶

被喻為台灣最美麗議長的劉陳昭玲，談起她的出生，從父母口述的經過頗令人感覺傳奇。

昭玲的父母早婚，在她出生前母親已懷孕流產四次，長輩甚至已明白地表示若又再流產，將為昭玲的父親娶妾以傳宗接代。

在育產期間，父親應召入伍，預先將孩子取名正玲，希望因預先取名能讓這個孩子安穩出世。

昭玲被母親細細呵護著，似乎將最後的希望寄託於此。 臨盆前數日，昭玲的母親在夢境中看到一位手抱嬰兒的女子，乘著馬車由遠而近，即便夢醒，那夢境依然清晰如真。

遠在軍中的父親也與昭玲母親一般，心繫這未出世的孩子，一晚夢境中出現一團火球，在漆黑的夜中特別明亮。

隔日，也就是民國45年6月18日，孩子誕生，於是父親將「正」改為昭，名為昭玲。

昭玲在沙港出生，她從小在澎湖湖西鄉沙港村成長。高中畢業前這裡幾乎是她唯一天地。

在沙港，鄉間路形曲折道窄。咾咕石牆面高過她好幾個頭，翠綠色的絲瓜藤總悄悄地攀爬上牆，花朵鮮黃

透出日光的明亮。

偌大的海，擁有強勁生命力，潮起潮落不曾停歇。除了給予萬物豐富的生活資源，也是昭玲的遊戲場。而海風，更是一年四季無時不飛漫在環圍，努力地向陸地展現它各季不同的原始樣貌。

至於村外的旱田，高粱黍麥，從不畏懼島嶼夏酷冬寒的氣候。甘霖不落，依然挺立生姿；冬風強勁，也能隨之舞動，效學太極的柔性求生。

談起童年，已經冠上夫姓的劉陳昭玲回味深遠。

我的童年在「海」與「山」中度過。

她指的山是澎湖的旱田。澎湖人對「種植作物的土地」稱法相當多樣且特殊。似乎離家比較近，圍著咾咕石防風的蜂巢田(菜宅)叫「蠶」(田的澎湖語發音)或「橫」(園的澎湖語發音)；遠一點的旱地就稱山。

但此「山」並非一般人印象中有山巒起伏的「山」。

「早期的沙港，居民都以海為生，即便我的父親是國民黨黨工也不例外要參與農、漁事務，補貼收入或做家庭食用。」說起話來鏗鏘有力，速度不慢的劉陳昭玲，談起童年內心其實帶有強烈的興奮。

她的父親是國民黨黨工，後轉任公務員。

那個年代的公務員薪資微薄，唯一的福利就是有米和麵粉可以領，人們常說公務員的家庭是「餓不死，但也吃不飽」。這句話形

容的其實是當代公務員「剛好」足夠養家,卻無多餘的薪餉可以留財。

因此,務農或漁魚是家庭必然要再從事的工作。

沙港這個地方靠海又有鄰近的土地,「雙管齊下」的又農又漁,因此議長形容她的童年是「上山下海」。望向空中,她回憶很深:「當時沒有週休二日,週六得上半天課,哪來像現在的孩子有補習!常常在下課後母親喊著:『去撿蚵仔、撿螺』,就提著拘籃(一種有提把的圓筒狀竹籃),乖乖地往海邊去。」

昭玲抬高下額說:「我可是挑螺肉的高手!」

若放學後適逢退潮,她喜歡穿好黃色的膠鞋,挽著勾籃到沙港海域的潮間帶撿螺。

海水退盡的灘坪,已有許多彎著腰蒙著面的婦女,或者不畏日曬的孩子。礁石裸露在陽光下,黃昏前的太陽灑下金光在一池池被拘禁的海水,即便烈日仍燄,海風吹拂盡消暑意。

在資源豐碩的潮間帶,各種生物盡出。小魚和小蝦在一塘塘小水池中竄游、彈塗魚在泥淖間跳彈、「大狗仔」(潮間帶常見的小蟹,外殼厚硬)舉著大螯橫行其間、各種螺類在礁石上或石縫間定著。

昭玲徒手翻開一塊玄武岩,十數顆圓型的珠螺躲附在石下,信手拈來便有大把的收成。只是利用下課時間

到落日前一個多小時的時間，她便能拾滿一大籃粒粒碩大的珠螺，昭玲搖頭嘆息，年少時的海洋資源與目前的狀況真是不可同日而語。

回到家裡，母親將已用海水洗過的珠螺倒入裝滿清水的大鍋，蓋上鍋蓋讓珠螺再度適應環境地在鍋內趑過一段時間，煮熟後就容易挑肉。

挑螺肉也得有技巧。尖細的縫衣針，在針孔穿入白線以防滑手後難尋。將針尖刺入螺殼與螺帽的縫隙，深刺入肉內將它挑起。技巧好的人不僅速度快，也能順利將螺肉尾挑出，挑出的肉量便多。

她挑螺肉的功夫了得，常常不消一個小時，一大碗公的螺肉就滿滿溢出，「快手」幾乎無人能比，無怪乎他自認是高手，真是實至名歸了！

工具日漸文明且方便，頂端飾有圓珠的大頭針取代了傳統唯一挑螺的工具。

長年在退潮後的潮間帶採集，劉陳昭玲也曾深陷險境。

有一次大退潮時，她與許多同伴在離岸較遠的潮間帶剖生蛤(以挖搭掘敲開珊瑚礁採集生蛤的動作，目前已禁止採集)，眼中所見珊瑚礁內的生蛤觸目皆是。

昭玲興奮地加快手腳，認真採集。心神投入貫注於一，周圍環境的變化便視若無睹。

當她回神，發現前方的海水已近腳下，快速提起豐收滿滿的拘籃大步跨回，怎知潮水似如瞬間湧來，從腳踝升至膝上。

水流的拉力讓穿著膠鞋的腳步更為沉重，如同太空漫步般舉步維艱。昭玲的情緒瞬間轉為焦慮，水已淹至

腰際，十數公尺的路程在眼裡如長城之遙。

　　她放棄生蛤滿盈的拘籃，流動迅速的潮水帶走了膠鞋，昭玲赤著雙腳忍著潮間帶螺石及蚵殼割刺，以及已迅速淹至肩部的冰冷海水拖著更沉重的腳步賣力朝岸邊的方向走去。

　　也同樣來不及在漲潮前回到岸上的幾位孩子在潮水的拉力間努力游回岸上。不黯水性的昭玲只得赤足前行，好幾次她幾乎以為自己將被潮水帶入大海，母親為叮嚀他注意潮汐而列舉鄰人命喪海潮的記憶，在她腦中雜亂地流竄。

　　想起母親，突然一股求生的意志從心底升起，彷彿天地為她換上一雙鑲著飛翼的新足，所有的疼痛與刺傷都已麻木未覺。她快舉腳步，費了九牛二虎之力朝岸邊快走，終於筋疲力盡的癱在岸邊，雖然腳底早已幾近血肉分離，但終究撿回一命。

　　昭玲童年與山海都有很深的緣份，即便長大成人出了社會，假日她還是跟隨著母親參與農事。

　　「掘土豆、拔地瓜，是當年每戶人家都不陌生的事。」談起農務，她眼裡散發出異彩：「有一次一位職場上的朋友騎機車經過沙港，那時我正在田裡掘花生，他發現是熟悉的身影於是停下來細看，隔天對我說：『沒想到妳掘花生的動作如此俐落』。」

　　這俐落該是說「專業」了！記憶中的的湯姑媽，掘花生的動作不僅快速，眼睛更是銳利，土堆裡被翻開的花生，幾乎逃不過湯姑媽的「神眼」，她經手收成後的田地，一般人是「翻」不出好土豆的(在已收成土地內再次挖掘花生)。

「現在如果再回到童年的場景，上山下海絕對難不倒我。」對「掘土豆」這件事劉陳昭玲相當自信：「我常問年齡相近，或稍長的朋友，這一生中哪一頓飯最好吃？有人回答：肚子很餓時那一餐最美味。」

她總是充滿回憶地：「我覺得小時後在田裡掘土豆，家人挑著食物到田裡給工作中的親人當午餐，那餐飯最好吃！」

原來議長喜歡加了「風吹沙」的「糜」！

議長被蓄意的玩笑給逗樂了：「哈！哈！哈！遠遠看著家人挑著午餐，朝著正在收成的花生田走來，心裡真的很興奮。」

澎湖的土地乾硬，花生的長成與在台灣砂土高高長起的花生有很大的不同，這旱地的花生是「趴」長在地上的。又因為土質乾硬，不若台灣農地的土豆，收成只要用手拔便可輕易採收，在澎湖收成花生，「工程」要浩大許多。

每年夏季，花生熟成後，田裡種有花生的家庭，得卯起勁來採收。

成人驅引牛犁，犁開乾硬的旱土，隨在犁後的家人便快速地收攏土豆藤，堆在被撐起的牛車蔭下，更小的孩子開始將藤上的花生一一拔下，眼睛要雪亮，速度要

快，收成的工作容不得怠慢。

這撐起的牛車，也是澎湖農家孩子的深刻回憶。

車轅高高翹起，前後兩塊如車軌的柵欄木板，立在車轅根部，成為撐起牛車的支柱，這牛車就被倒立四十五度。最後折些樹枝，橫跨在車轅上，經濟情況好一點的，用帆布為篷，一般人家便就地取材，鋪上剛翻起的土豆藤遮陽。

這物盡其用的牛車棚土豆藤蓬，自然又清涼，在澎湖盛暑襖熱的田野裡，恍如沙漠綠洲，是高溫中的一塊清地，更是烈日下遮蔭的好工作區。

花生熟成後得爭取採收期。太晚採收，過熟後，落在土裡的量就大，因此收成時中午會就地休息。

午餐由家人烹煮後，和瓷碗等餐具疊放在大竹籃裡，用扁擔挑到田中，所有參與農事的人圍坐在牛車棚下，吃起這議長口中「最好吃的一餐」。

「其實這一餐並不豐盛，就一大鍋地瓜稀飯，頂多是一盤小紅魚，和一盤自己種的澎湖菜豆(澎湖地產的長豇豆)。」搔搔頭，劉陳昭玲笑著又說：「但年近六十，最

讓我難忘的仍是當年在花生田中的午餐。」

猶記得經濟更為困窘的「湯」姑媽一家人的田中午餐，就是一鍋「地瓜湯」，即便母親送去父親分餉的糙米，那鍋「稀飯」裡仍是大量的自種高麗菜

和菜豆條，「白米」只是點綴吧！但我仍從表哥表姊的臉上，看到議長童年時「最好吃的一餐」那種滿足。

除了種田，議長也養過豬。

「地瓜葉是養生排毒的好食材，但早期澎湖的地瓜葉是給豬吃的，叫做『豬菜』。」劉陳昭玲說自己講求健康，現在用餐時都會來盤地瓜葉。

談起養豬，五十歲以上的應該都很有共鳴點。在經濟困窘的年代，開源增加收入是很重要的一件事，當時人們都會養幾隻豬當副業，貼補家庭支出。

「那時年紀小，切菜刀拿都拿不動，每天還是得切很多『豬菜』」，據其形容，昭玲幼時的消瘦身影彷彿可見。

依稀記得，那切「豬菜」的大刀，貌若電視劇裡包青天的虎頭鍘縮小版，下午時分，母親將一大把一大把的「豬菜」推入「豬菜刀」，喀擦！喀擦！地切成一段段，再入大鍋燙熟。

「還有圓圓的「豆箍」(豆子榨油後所剩的圓餅形油粕殘渣，早期作為家畜的飼料，是豬隻重要的營養來源)，

用『挖搭掘』(尖掘仔的澎湖腔音，一種用來掘土石的尖銳鐵製工具)掘開撥下一塊塊，放入水中泡軟。」昭玲比劃著掘豆箍的動作，彷彿回到兒時記憶。

燙熟的「豬菜」和

泡軟的「豆箍」和勻，倒進以澎湖玄武岩雕出凹槽的長方形「豬槽」，一股特殊的味道漾出，難以形容那是甚麼樣的氣味，但並不容易入鼻。

早期每個家庭的養豬副業也造就了「牽豬哥」這種特殊的行業。

養豬的家庭幾乎每戶都選用母豬來飼養，母豬生小豬經濟價值大，但就需要品種好的種豬來配種，稱為「打種」。

豬哥的主人手持長竹棍，沿著大馬路，一路趕著種豬來到母豬飼主家「打種」。

議長突然想到：「那時就連雞也自己養！養來生蛋換錢。想吃雞肉還得等雞隻暴斃才有機會。」

想想以前的生活，回憶都是美好的，童年的昭玲似乎就在眼前，她手舞足蹈，興趣昂昂地談著，家人將那隻軟弱無力只有一絲生息的雞給「解決掉」後，母親將糯米和薑母塞入雞腹內，在大灶鍋內烹煮的情形，那香氣熟悉得彷彿正在她的鼻腔內滾動。

「糯米雞真是人間美味。」她對記憶中童年母親拿手的糯米雞下了定論。

在資源多元的現在，很難想像當代清苦而珍惜每一分物資的做法，沒有一項東西是可以被「拍損」(澎湖腔音，意指浪費)。即便生病的家畜家禽都是珍饈。

但現在，這樣的食物真的沒有太多人入口。

「現在我把這些事和孩子分享，孩子都覺得是天方夜譚，甚至覺得那是騙人的，很難體會。」昭玲搖搖頭。是啊！時代的轉變如此疾速，若非親自走過，如何

能體會前人歷歷來時路的辛
苦！

「那時沙港因為建了教
堂，流行信天主教，因為信教
可以領麵粉和奶粉。」

澎湖地區的宗教信仰幾乎
以道教為主，要改變信仰是件
難事，為了取得難得的物資，
許多人「假裝」信教，雖然心裡
有對天主不敬的愧疚，但卻是
生存的方法之一，他們相信寬
懷的天主必會悲憫。

領來物資有些已經過期，奶粉和麵粉結塊是常有的
事。「那時哪管它過不過期，平常不可能吃得到奶粉啊!」
昭玲揮了一下手，微側著頭望著桌面，敘述領到物資
後，孩子們拿著一小塊結塊的奶粉，捨不得張口大啖的
模樣：「用門牙輕輕的刮，深怕太大口咬，這塊奶粉就
消失了！」

他們是在「品嚐」、「感受」牛奶的美味，讓人想起黃
春明「蘋果的滋味」，若非外援，那個年代除了地瓜還是
地瓜。

看來，一般人以為身為議長，當是含著金湯匙出生的
金枝玉葉，這思維與昭玲的童年生活顯然有很大落差。

也由於童年時上山下海，參與過澎湖基層人民的農
漁工作，當上議長的劉陳昭玲更能體會他們的辛苦，問
政時也特別注重對農漁民的照顧。

戀愛學分　出社會方始開修

　　昭玲的父親是國民黨黨工，後轉任公務員。公務員薪水微薄，最大的好處是有麵粉和米的配給，但杯水車薪，學費常是母親向親朋好友張羅來的。

　　國中畢業的昭玲，並不想繼續升學。

　　「我是國中第一屆，當時雖然是義務教育還是有很多人國小畢業後沒有繼續升學，大部份都到加工區當女工，我其實很想跟她們一樣去賺錢。」

　　過年過節從機場往馬公的巴士常載滿返鄉的遊子。

　　女孩們在站牌下車，成熟光鮮的打扮和自己剪著齊耳短髮學生頭，真是天壤之別。也曾羨慕她們的早熟，期待工作賺錢分擔家計的那種成就感，對繼續升學興趣渺渺。

　　「我曾向父親提起，想到工廠工作，父親堅持一定要繼續升學，我直接去考澎水。」於是她成為該屆沙港唯一繼續升學的女生。

　　在澎水，因為她的字寫得好又快，國文老師陳梧桐看了非常喜歡，於是她連續當了三年學藝股長。

　　「我平常還算乖巧，分數本來就不低，做壁報操行加分總分常常破百。」品格重於課業，難怪昭玲會引以為傲。

　　近60歲的年齡，卻有張讓人難以與她年齡接軌的臉龐，劉陳昭玲皮膚白皙，雙目伶動，怎麼看都是個美

人。

「當年你是澎水校花？」我的二姊與昭玲是上下屆學姊妹，年輕時也標緻動人追求者眾，只是父親嚴管不敢結交異性朋友，但情書倒是收了不少。想來美麗的昭玲也是如此：「在澎水三年，有交男朋友？」

「哈！哈！哈！沒交男朋友啦！真的沒有機會。每天早上六點專車就到，四點專車又在校門口等候，回到家裡還得幫忙煮晚餐，哪來機會交男朋友！」

年輕的昭玲是個乖巧的孩子，放學回家便升起大灶的爐火：「用大鍋煮飯，燒著柴火得隨時看顧，家人回來吃完晚餐天也黑了，沒時間也沒機會。不然那時正值青春年華，我也遺憾高中時期沒談過戀愛啊！哈！哈！哈！」

那總收過情書吧？

「有，有收過情書。」昭玲很老實的承認。

放著美女不愛慕的男生不多，很好奇那個含蓄年代的情書如何寫，是纏綿悱惻滿紙愛語，還是純純的愛，欲言又止？

「我也忘了內容，但都很含蓄。那個年代男女文字上的互動很少，有男生偷偷塞一封信給你，不論內容如何那就是情書了。」

含蓄的年代，含蓄的作風，許多男女都以偷偷暗戀的方式積蓄情感。

「你一定收過很多情書」以她在校的優秀表現和美麗容貌，我想當然耳。

「是接過很多情書，但說實話都不知道是甚麼人。」

不知道寫情書的對象是誰，那神祕感更令人心裡小鹿亂撞，情感在曖昧不明時最為甜美，真正進入男女朋友感情階段，那種味道反而不見，卻發展出另一種緊繫的關係。

當年澎水畢業生每科有三位可以爭取保送資格，再考試甄選出一位。劉陳昭玲是其中之一，但她一心只想

畢業後能夠和其他人一樣當女工工作賺錢，故意不告訴父親。

考完試，鄭紹哲主任發現他沒有參加甄選，馬上撥電話向昭玲父親詢問，但為時已晚，甄選考試時間已過。

為此免不了捱了頓父親的責罵，因此近幾年，她努力一一將學歷補齊，欣慰的是幾年前，她已修完中山大學的碩士學位。

高中沒交過男朋友，26歲選上議員，28歲結婚。

劉陳昭玲的先生是「泰勇營造公司」的董事長劉崇保。結婚前他是家族企業裡，一個「校長兼撞鐘」的員工，從基礎的工人工作到領導與接洽協調都要參與，那是家族培育接班人才的踏實方式。

「當了議員有人敢追妳？是選上前就交往的吧？」我滿眼疑惑。

源於議員的身分與生活異於一般老百姓，公眾人物須面對更多善意或惡意的眼光，更多放大行為的審視，若非另一半也是公眾人物，鮮少人能適應這樣的生活。

「你說對了！議員問政時常『恰北北』，還真的沒

人敢追。」她說完哈哈大笑：「我先生確實是選上議員以前交往的，有一段時間中斷，後來我又把他給『追』回來。」

劉陳昭玲澎水畢業後，離開澎湖到也是澎湖鄉親經營的航運公司工作，現在議會同事藍俊逸副議長，以前就是她航運公司的同事。

工作了三年仍覺得澎湖這塊土地最適合自己，縣府剛好有一個工作機會，於是順勢返澎。

她每天騎著「歐兜賣」往返沙港與馬公。一次中午回家午餐的路上，遠遠看見一個皮膚黝黑的年輕人在一部壓路的舖裝機上。

「通常我在路上並不會刻意注意周遭的人物。」劉陳昭玲特別強調：「尤其是一個『黑麻麻』的男孩，當年許多女孩子心目中都想找個白面書生型的意中人，皮膚那麼黑原本並不是我想要的對象。」

重點是這個在工地上的男人並不是一般常見的歐里桑，而是位年輕小夥子。議長用「一坨」來形容第一眼看到先生的感覺，那種可愛的表情令人不由得狂笑。

但緣份這兩個字說來奧妙，劉陳昭玲經過這個「黑」男孩的身旁時，似乎有一股無形的吸引力，讓她多看了這男孩幾眼。後來隨口問了朋友，才知道舖裝機上那「坨」黑麻麻的男人是何許人也。

而這個黝黑的男孩，居高臨下地也發現一個不好好騎「歐兜賣」卻對他「金金看」的女孩子。

也許就是因為這樣的互相對看，看出了感覺。在縣政府建設課工作的劉陳昭玲，與從事工程工作的劉崇保也自然有機會再次接觸。

　　於是他們開始相約見面，現任文化局曾慧香局長是昭玲的姊妹伴，當年曾是他倆約會的「擋箭牌」。談起年輕時的種種，昭玲彷彿回到25歲。

　　「但是參選之後，這個男生就突然不見了！」她非常納悶，已有好感的一段情感，怎會沒有跡象地從生活中消失杳無音訊。

　　「即使分手也要講清楚，我心裡其實很想知道理由。」

　　基於女性的矜持，她不曾去電男方，直至一次選民服務案件，正好是劉家的工程，昭玲便與崇保再次聯繫。

　　「我得感謝離世多年的大伯！」

　　劉崇保靦腆又低調，當上民意代表的昭玲肯定不是他敢追求的對象，大伯告訴昭玲：「如果你認為我弟弟是可以託付終生的人，妳一定要主動。」

　　此時的昭玲一方面自覺民意代表工作讓她問政時常有「恰北北」的情形發生，長此下去，將來肯定沒有人敢和她交往，再加上大伯的鼓勵，這次她不再等待，鼓起勇氣積極邀約崇保深談，不到一年就修成正果，喜成姻緣。

家庭經營　感恩姑嫂著力多

　　停頓了一年多的情感，這個男孩又為何能受已經見過不少風浪的昭玲青睞，到今天又是如此恩愛護持？

　　人說「成功男人背後必有一位偉大的女性」，成功女人的背後又何嘗不是需要如此的支持。

　　這個昭玲一生中唯一交往的男人—劉崇保，雖然自

己也有成功的事業，但當一位議長的先生，顯然與一般人夫大有不同。

「我先生非常愛他的家人，不是只有妻、子，兄弟以及兄弟的家人他都愛，我大伯生病期間他對哥哥的情感，讓我非常感動，也非常驕傲。」

昭玲的大伯在他們結婚第二年便離世。

肝病折磨他很長一段時間。重病期間，弟弟崇保在台北的醫院等待奇蹟，他放下工作，每天在急診室等候發生意外重傷者家屬，期盼幫哥哥等到一顆可以移植的肝。

早期換肝手術並不成熟，陪在哥哥身旁的崇保只要聽到救護車聲由遠而近，就會直奔急診室直接和傷者的家屬洽談。

可以預見崇保這種無疑「撞牆」的舉動該有多大的挫折。與心碎欲裂的家屬談捐肝(更確實地說應是買肝)，即便再大的金錢賠補，也得承受屢屢沉重的怒目。

但為了哥哥能夠續活，劉崇保願意也甘願持續撞牆，他深信終有一次，那堵厚牆會因他的深愛而開啟。

最後終於讓他盼到了一顆可以移植的肝。

手術當天昭玲陪著先生在醫院忐忑靜候正與死神搏鬥的大伯。中途醫生請崇保進入手術室，結果並不理想。

不多時，步出手術室的劉崇保沉重地對著妻子說：

「昭玲：從今以後，我們有五個孩子。」

懷孕的昭玲當時已有一個三歲的孩子。

他們與大姑、大嫂和他的三個孩子一起同住、同食，每次出遊一定兩家合為一家，直至大姪子娶了媳婦才獨立三餐，但工作仍然在一起，且每年仍一起去為大哥掃墓。

崇保愛哥哥至深，昭玲愛崇保至深，所以支持他所有的決定，她覺得：「他這麼照顧他的嫂嫂，照顧他的姪子，這麼愛他的大哥及家人，一定更愛老婆、更愛孩子。」

劉陳昭玲更深信自己的選擇是正確的。另一方面，在意識中她也感謝大伯當年的鼓勵，讓她能抓住今天擁有的幸福。

劉崇保的兄弟情著實感人，在目前社會逐向功利趨近的風氣中，多少企業界領導人甚或一般平民百姓離世之後，子孫因財產的爭奪而對簿公堂，兄弟手足、母子叔姪，一旦與金錢扯上關係，情字又值多少。

在議事堂上展現大女人氣魄的劉陳昭玲，在家庭中的角色看來也傳統得以夫為天。她從崇保照顧大家族的心感受丈夫的「偉大」，但工作與家庭的角色懸殊之大，如何取得平衡。

「他常提醒我：議會那一套你不能帶回家裡。」在議會久了，決策時的「魄力」，偶而難免張顯，另一半的提醒便又讓昭玲能夠回到原點。

在忙碌的行程中，如何經營婚姻與家庭，兼顧議長、妻子、母親以及事業主導者的身分，莫非昭玲有三頭六臂，才能完美雙方？

「在整個家庭的運作上，我最感謝未婚同住的大姑。」

先生劉崇保從事工程承包工作，事業需要家人協助支持，家務上更要有人承擔，她長期從政，忙錄時間不分平時或假日，不管是先生的事業或瑣碎家務，都難以分擔。

大姑除了參與家族事業，整個家庭的大小事務也都由她和大嫂負責，昭玲因此更無後顧之憂。

現代化社會，人們想法及觀念都改變，個人意識逐漸抬頭，大家庭共處是一門學問，兩個家庭，一個未婚的大姑，長期和諧共事、共居，能和諧至今，箇中必有方法。

「難免也會有衝突，先生和大姑共同為家族事業打拼，有時因工作上的歧見，也會在餐桌上拌嘴。」此時的昭玲，通常扮演旁觀者的角色，並不介入他們爭執的話題：「有時前幾分鐘還看他們姊弟為工作爭得面紅耳赤，幾分鐘後卻一面吃飯一面聊得很開心。」

撞擊只是為了事業，激盪過後又是一番和諧。

「而我是一個急性子的人，到這個家庭也30年了，大家互相了解個性，生活上各退一步，就能維持和諧。這幾年真的是越磨合越好。」劉陳昭玲也相當用心經營家庭。

至於三個孩子都在國外留學，老大102年初已學成歸國，在台北從事珠寶鑑定工作，老二、老三都從自己的興趣發展，接不接家族事業並不強迫。

在工作上，丈夫給很大的空間，讓她可以盡情發揮。

劉崇保從事營造業，早期接公家機關的工程比較多，在昭玲議員時期還接部分單位的工程，等她接了議長重任，崇保便不再承包縣政府的工程。

「他認為拿人的手短，承包了工程問政時如何監督?崇保的做法讓我不會綁手綁腳。」雖然是公開招標，但為免落人口實，丈夫在這部分確實讓她沒有包袱。

「這個人、這個家庭，陪我走過30年的政壇生活，我心存滿滿的感恩。」

投入選舉 一舉奪魁天下知

26歲初試啼聲競選議員便一舉奪魁，她的政治生涯從當選十屆議員開始，之後第十一屆議員、十二、十三屆副議長，第十四屆棄選，十五屆議員選舉時捲土重來，不但為台灣最資深的議員，也是澎湖縣議會第十五、十六、十七、十八屆首位四連霸議長。

從政三十數年，為澎湖政壇最資深的政治人，也是澎湖明星級人物，醒目的外貌清秀美麗，是政治界知名的美女，全台最漂亮的縣議長，她是職業民意代表，政治路上的女強人。

但26歲這個年齡有些人方離開大學生活兩年，有些還在人生茫然的階段，議員工作與昭玲原來縣府工務課單純的公務生涯，是完全迥異的領域，參選必要有很大的勇氣，一個女孩心裡是如何篤定參選?

甚麼樣的機遇讓妳投入議員選舉？年輕時她就參加很多活動，是澎湖活躍的人物，還是不小心撞到牆，醒來就決定參選？

「哈！哈！哈！我是鄉下孩子，放學或下班時都得上山下海，哪來時間參加很多活動。」

原來昭玲的三舅當時是謝有溫縣長的機要秘書，當初認為議會裡需要有自己的人馬，縣政的推動才能順暢。

「選來選去就相中了我，是舅舅叫我出來選的。」以此看來，昭玲當初是迷迷糊糊參選，迷迷糊糊選上了，對政治完全未知，難道心中沒有恐懼？昭玲說：「沒有耶！真正是『傻膽』。」是初生之犢不畏虎。

劉陳昭玲開始投入選舉年方25歲，民國70幾年交通並不發達，女性參選民意代表也不多。

她猶記得初時只有一部一噸半貨車當宣傳車。宣傳車的兩邊都掛著看板，看板上的海報不像現在有精美的印刷，是小學同學用漫畫的形像幫她畫製的。

當年她參選馬公、湖西、白沙三鄉合一的大選區。

年輕的昭玲還算有活力，每天要跑很多地方，一個村子一個村子走，挨家挨戶敲門拜託，走到十隻腳指頭都瘀血發黑

「我其實不知道怎麼選舉，但就乖乖聽話。」

舅舅指點昭玲見人就點頭，見人就握手拜託。在宣傳車上，當年顛簸的路面，長途乘車並不舒服。她遵從指令，只要見到遠處有人，就跳下車握手拜託，沒人時再爬上車。

這樣在一噸半的貨車上上下下，握手點頭，讓她點

頭「點」到麻木，她笑說：「最後連看到電線桿都點頭了。」「後來還借了一部小轎車」昭玲突然想到，但這借來的小轎車似乎不太爭氣，常常鬧脾氣：「記得有一次從沙港開到鼎灣就拋錨了！幾個人傻傻的等在路邊，適巧有車經過才把大家『救』回去。」

除了乘車與走路，到離島的村里，除了員貝島可以利用大退潮時間，從崎嶇的潮間帶步行抵達，並沒有交通船或快艇可以代步，而是搭乘漁船往返，冬季的東北季風讓風浪更大，不習慣乘船的昭玲形容自己一趟下來「吐到不行」。

吐到不行，但下了船還是得打起精神來拜票，她說：「30年前選舉，真的很辛苦！」

勤走還是當初競選最大的策略，因為不懂，只照著長輩的囑咐去做，因此拜票時並無壓力，更顯得自然。

「別人看我是一個小小的女生，都給善意的回應。」

是啊！漂亮女生的迷人笑容，肯定男女老少都樂意回應。一定有人因為長得清秀的原因投他一票我肯定如

此。

「哈！哈！我也是有努力啦！」

如此累人的行程，她的體力也曾一度不堪負荷，但睡個覺隔天依然一尾活龍，年輕的身體機能恢復快速。

一個不知政治為何物的女孩，因著家人的安排，就衝了、拼了，這樣的堅毅勇氣與

劉陳昭玲

從政前柔弱形像的昭玲完全令人難以想像，但當初她對政治可有憧憬？競選過程都很順利沒有挫折？

「政見發表，讓我很苦惱也害怕！」

每場活動在台上侃侃而談，俐落大方的議長會害怕「政見發表」，讓人難以想像。

原來參選前的昭玲參與的都是靜態的工作，她沒有演講過，求學時期也未曾參與辯論過，「上台」對她而言是件「可怕」的事。

她記得第一次競選，在中興戲院辦了一場政見發表會，場內黑鴉鴉爆滿著人群。幕僚事先給了她一份政見稿。

「走上台時，我的兩腿抖得厲害，感覺它不是我的腿不聽使喚，稿子也跟著手發抖，心臟都快跳出來了！」

昭玲的政見發表初體驗在照著唸稿，卻一直不清楚自己唸到哪一段的窘況中度過。

由靦腆的小女人，至上台可以侃侃而談、可以指揮千軍萬馬的大女人，議員生涯確實訓練出與原性迴異的劉陳昭玲。

回想當初，聽聞他要出來選議員的同學與沙港鄉親都訝異與不看好，昭玲搖搖頭重複著人們給他的評論：「那隻鴨母，死趖死趖(澎湖腔音，說人動作很慢。為古字發音「ㄙㄡˊ」))能選議員，那每個人都能選了！」

這村人與同學口中動作龜速的「鴨母」，竟在選舉中一鳴驚人。

初試啼聲，年輕的陳昭玲在票選出的十五位議員中名列第九，首次參選，她紮紮實實地打了一場勝戰。

從26歲從政至今，她已是澎湖縣議會的老將，除了第十四屆議員選舉棄選，他擔任過兩屆縣議員、兩屆副議長，議長職務目前已進入第四屆。

談到第十四屆休息未選，她微笑地陳述鄉親的熱情。「84年宋楚瑜參選省長，我輔選四處拜票，很多阿伯、阿姨都很關心地問我甚麼時候可以為劉家添個兒子。」

那時的昭玲與劉崇保已育有兩女，傳統的澎湖鄉親較重男丁，尤其是他的故鄉湖西鄉的婆婆媽媽們總認為她該為劉家生個男孩，昭玲自己也很心動。

也由於兩個女兒出生後她都忙於議事，並沒有太多空暇可以陪伴，反思過後便決定留一些時間與空間給孩子，盡盡為人母的義務。

於是她棄選休息了四年，這段時間也生下了長子，是她人生中最有「媽媽的味道」的時期，也是她至今唯一的一段「全職家庭主婦」時期。

但說是「全職家庭主婦」也不盡然，這休職的四年間許多鄉親有需求，依然會想到這位笑容親切的前副議長。

已將服務群眾的種籽種在心裡的昭玲，也覺得這似乎是她一生的志業，但也更深刻體會缺了民代的職銜，許多事情都難伸展。

很多離開政界一段時間的政治人物，政治生命常因此削弱。劉陳昭玲第十四屆棄選，再出發不但再次獲選並一舉登上議長寶座，雖然她以「擦槍走火」形容議長的出線，然並非偶然。

為民服務的熱誠不因未選而間斷，是她能輕意再回到軌道的主因。

問她可曾倦怠，她斬釘截鐵：「只要民眾需要我，為民服務不容我怠惰！」

醫療問題 百廢待興深思慮

對長住澎湖且擔任30年民意代表的劉陳昭玲，對澎

湖人民的每一份需求以及急需缺補的部分，她瞭若指掌，也頗有見地。

　　她對在地醫療部分投入很深：「澎湖人的勞健保費用與台灣本島居民相同，享受的醫療品質卻與台灣差距很大，這對澎湖人相當不公平，即便我們一再建議，仍難脫離離島居民的宿命。」

　　基於「公平正義原則」，她認為健保也要由政府吸收，因此與王縣長溝通，以現有財政狀況，先編列65歲以上長者健保費由縣政府預算支出。

　　102年立法院通過離島條例，離島地區65歲以上居民健保費由中央支出，於是她再建議將縣原有補助預算，依老弱婦孺的順序，補助重大疾病及6歲以下兒童健保費，希望在經費預算都足夠的狀況下，逐步推動離島居民免繳健保費，以減輕民眾負擔及平息中央忽視離島急重症醫療的民怨。

　　針對補助健保費，曾有議員於議會會期提出憂心戶口移民潮以及縣庫支撐的問題。對此，議長並不覺得會產生困擾：「居民不會為了這些小福利而轉移戶口來造成自己的不便，除非有更吸引人的誘因，否則應是多慮。」

　　除了健保費補助的爭取，劉陳昭玲對重症患者軍機支援後送的推動等著力亦多，問她如此重視醫療，在澎湖醫療問題「百廢待興」之際，她最想推動哪些方面的醫療服務，他悠然道出自己的想法。

　　「有些時候並非重賞就會有勇夫，投入再好的設備，沒有好醫生也是惘然。」

　　是啊！若無好的醫療人員可以操作，這些儀器無異於廢鐵，反成浪費。

　　為了急重症患者的生命延續，她曾經多次與縣長會商，目前後送方面已有一套固定的機制，空中直升機可以做好這項任務。

　　澎湖地區的就診處理方式，通常需經過本地醫師的診斷，認為必要後送經行政流程，飛機再飛來澎湖將病患運送到台灣，整個過程約需4小時。

　　「我的建議是已經不打仗了！軍方可以專派一架直升機在澎湖，只要家屬覺得後送台灣最有利，便可以即刻後送，達不到免費標準，可以適度收費。」劉陳昭玲非常肯定：「搶救人命要即時性才有意義。」

　　她期待澎湖能有一架駐點的直昇機，因應需要即時起飛，因為冗長的公文旅行，失去救人先機在台灣已有許多例子，八掌溪憾事便是其中著名的一椿。

　　「至少省四小時，一刻也不能等」她頗能苦民所苦。

　　但有一些更特殊狀況的患者不適合搭機，如心臟病患，或部分車禍嚴重受傷的患者，他們必須在黃金幾小時內接受醫療處理，否則無法搶救成功。過了搶救黃金期，即便救回生命，也可能成為植物人，令人惋惜。

　　急重症在地化醫療，她一直呼籲署澎與三總兩家醫院要設立心導管室，目前署澎已經規畫建制；在

癌症醫療方面，因癌發率高，需求越來越烈，澎湖目前雖然有患者及陪同家屬交通費的補助，但化療若能在地化，已經虛弱的患者就不必舟車勞頓地飛往台灣作化療，尤其是在東北季風狂烈的冬季搭機，對病人確實是種折磨。

「但因為癌症有時並非單一病症，難度較高，我建議先由單一做起再慢慢延伸。」劉陳昭玲提出自己的想法。由點先做，至少有了開端，再一一普及成一個較健全的醫療網，可行性會比一次全數到位來得高。

除此，她認為交通問題也是離島居民的另一種痛：「交通問題解決後，醫療問題就解決了一半。」

舉個例子說：台大醫院在台北，屏東居民雖離得遠，但有各種交通方法可以到達。澎湖居民卻只有靠空中交通，不適合搭機的，便失去救命的機會。

以小觀大，她從七美及望安兩地的交通談起：「早在民國85年，賴峰偉縣長任內，議員李啟宗便呼籲重視離島交通，希望縣府設法再買一艘二手交通船，來解決這兩個離島交通的問題。」

劉陳昭玲不以為然，認為離島交通不應該再以速度、安全都不讓人滿意的二手交通船通行，於是他向當時的縣長賴峰偉建議，希望建造一艘新船，供馬公來回望安、七美兩島使用，造價壹億五千萬元的南海之星於焉誕生。

政府的德政造福當地居民，劉陳昭玲永遠難忘首航那天的感動。

當天她隨船到七美、望安兩地，行過澄湛的海洋，港口上立著密滿的人群，準備迎接起航的新船到來，眼

見當地居民喜形於色的興奮，那種高興與滿足寫在臉上的表情，讓她不禁動容。

她深知政府只要有心，將經費用在民之所需，民眾必定能感受，也能感動於政府的用心。

所以這幾年有南海之星加入離島交通營運，讓離島居民更方便到馬公來，添購生活所需、辦事或就診就方便多了，她將心比心，清楚澎湖本島居民要到台灣看診的困難，其他離島地區更是難上加難。

記得在102年年初，馬總統曾計劃到七美long stay，當天筆者身負澎湖地區唯一媒體一對一專訪重任，一早便搭乘南海之星先去架設臨時電台。總統卻因午後氣候大變，船隻、飛機皆停班未駛而無法抵達。

在這對外交通完全中斷的孤島，沒有醫院診所，我心有戚戚地問了當地鄉親:「如果生病，怎麼處理?」

　　一位鄉親似輕鬆卻無奈地回答：「嚴重的就等死啊！」

　　聞者辛酸、心痛，這離島居民的性命竟如此懸絕。

　　「是啊！」議長亦有同感：「七美的狀況是整個澎湖地區醫療問題的縮影，其實我們(澎湖本島居民)也一樣！」

　　小痛熬過自然好，大病無交通運送，就只有枯等。

　　雖然南海之星完成後，離島居民仍得乘船到馬公就醫，但至少「能就醫」，而非消極的聽天由命，因此劉陳昭玲認為交通問題解決了，醫療問題也解決了七成。

　　南海之星已航行多年，目前已規劃完成五百噸的南海之星二號，比南海之星多了一百五十噸，這艘已發包的交通船，正在加快腳步打造。

　　劉陳議長總是認為：「離島交通問題一解決，不僅是交通問題，就連醫療問題、民生問題以及未來觀光發展的永續問題都一併解決了。」

　　再回到澎湖和台灣的交通問題。

　　台華輪目前已是二十年老船，急需汰舊。交通部已核定通過近18億的新船補助。這艘船澎湖地區已經爭取很久，馬總統也已允諾，雖然尚未在預算書中編列，但應該沒有問題。她希望能夠趕快造好，加入對外交通的行列。因為這不只是觀光上的需求，也是本地居民對外交通的渴求，在飛機航次無法增加時，這艘船的助

益相當大。

　　另一個與交通相關的想法她也曾向王乾發縣長提過，就是從雲林淎子寮到龍門、鎖港兩港，這是澎湖海路到台灣最短的距離，兩地通航時間最短。目前民營的滿天星已加入營運，航行時間只需八十分鐘。但因船隻頓數不足，載客量少，也難滿足民眾需求。

　　劉陳昭玲認為如果船隻夠大，載客量可更多，航行時間應可再縮短：「我也希望縣政府能再跟中央爭取一艘約兩百噸的船加入這條航線的營運。」

　　在空中航線呈現滿載的此時，開闢藍色海上公路的

必要性如魚渴水,海、空兩路交通並行,補澎湖與台陸上交通之短,不僅能因應日漸增多的觀光人潮,更能迎合本地居民往返兩地的需要。

從政30年的劉陳昭玲,傾聽繁多澎湖鄉親心聲,也看到故鄉不少應興應革的地方,在這從小成長的菊島,是否還有對政事以外的期待?

她偏頭一想,忽然笑出:「學會游泳啦!」

劉陳昭玲的家,屋後便是偌大浩瀚的海洋,童年在海岸邊來去,各種澎湖潮間帶的謀生技能她幾乎無一不熟稔,唯一遺憾的是不會游泳。

「有一次,擅泳的馬英九總統來澎湖,他知道澎湖的『泳渡澎湖灣』活動極富盛名,隨口問我會不會游泳?在海邊長大的我居然不會,哈哈哈!」

這件事讓昭玲覺得遺憾,也相當汗顏。但貼心的總統馬上說:「沒關係!吳碧珠(台北市議會議長)也是年長後才學會游泳,現在學還來得及。」

馬總統言下之意,是鼓勵劉陳昭玲「現在學也不嫌晚」。是她當場承諾要學游泳,希望朝著總統鼓勵的目標前進。

一代議壇叱吒風雲勇猛女將,人生中的期待竟是如此平常,那平實親切的鄰家女孩當仍長駐心中,在政遐之餘偶要鑽出,在她最原始且單純的血脈間流竄……

光 陰

圖.文/沈淩

光陰
你看得見它

白晝
它從地上水面浮移
在牆面上蔓延又萎縮
用變化詭異的容顏
無形地啃嚙這灰牆咾咕
和蝕刻你額上風霜

夜晚　它與天上星斗飄移
在漆黑中和你擦肩走過
用深邃冷眼底目光
無痕地催化著花落葉盡
和速寫生命的遷移

鏡前兩鬢灰白和肢體佝僂
縛住你的　始終是歲月疾馳的驚懼
就怕它更快速翻讀那 如風飛過的殘頁

光陰　寫在每一處時間底挪移

澎湖南寮的古厝群保留了古老的原味，歲月在她身上刻下痕
跡，見證潮起潮落地興衰。

一朵絮在天邊

圖.文/沈淩

從群草中蹭蹬
灰藍灑下粉彩
在落漠的高處
　一朵絮在天邊
輕輕地歇著
昨夜飄落底影子
和一莖莖等待風臨底花種

其實風聲和黃昏

早在初秋的季節訪過
細語叢叢搖擺的羽翎
搖長飛去

拿著百都冬暖
海島的天卻緊持著藍
如詩拿絮
一枝獨絮地
堅守著蒼茫風裡底天邊

澎湖雙頭掛榮大的家

澎湖的長草每到秋冬季節便迅速地披上黃衣，隨著東北季風如浪波盪，一朵絮在天邊。

沈淩詩卡014

經年守候

圖。文/沈淩

自你離去
窗櫺便是我唯一的
駐留
僅有的溫暖是那光
自初略至悍感至多彩
與風和雨
在牆上日日刻下造訪

我緊擁記憶著時光長河的
千呎百髮
歷經每一個夜
孤寂卻始終不肯遠離
所有的記憶皆已頹圮
唯獨那朱紅不忍褪去
與我一同向天邊問
經年守候
你可會歸來

澎湖二崁

澎湖的古厝建築，樸實中自有一份亮彩，磚紅的方框映襯古味灰牆，方寸中的美麗令人著迷。

沈淩詩卡010

末代里長戮力奔走為地方

全國第一個眷村文化園區推手商景愛

　　已經規劃為澎湖眷村文化園區的篤行十村，在眷村改建的風動中因它的特殊歷史而被存留。

　　走在這歲月流逝，風華褪盡的高地村落巷弄間，秋季的風拂過臉龐，轉而搖動小宅院內的樹影婆娑，成排緊鄰的房舍以矮牆區隔出門戶，不必墊高腳尖輕易可與隔牆鄰居親切互動，窄小的生活空間、相互共用的屋壁，聲音彷彿能穿牆而過，令人想見當年居民共同生活的親密往來間，活絡互動的真摯情感。

馬公島最西側中正堂位居的高地,三面環海得天獨厚的優美環境,場景依然迷人。在這立於海的高地上視野無垠,遠處漁翁島的流線在藍海中特別清晰,崖下的海潮推浪緩緩。落日時分,夕陽緩緩降下,海面的銀光隨著落日換色,藍空襯出紅羽,讓這海景更為秀麗。

但在媽宮城初建時期,位在西門外的這塊區域平時了無人煙,每到冬季冷風直竄,最常在這裡執行的卻是令人心懼的「死刑」。清朝時期,媽宮城的罪犯判處死刑後便被推出西門問斬。

同時,此處亦為清軍練兵的教練場,身穿「勇」字兵服的清軍,操練時雄壯的喝嘿聲響徹雲霄,掩去了刑場的淒寒與肅殺之氣。

1894年的中日甲午戰爭清廷戰敗,隔年簽訂馬關條約,割讓台澎。1907年日本帝國主義的重砲兵大隊進駐馬公,更在媽宮城城牆兩側,一為媽宮城西門外,沿著牆側緩升的陡坡,墊高地基建獨棟官舍,及在更西側的地方建連棟宿舍;另在媽宮城城西內側逐年興建官舍、辦公廳及馬廄,做為其長期佔領澎湖的必要設施。

宿舍群以日式建築構成,屋頂鋪設日式煉瓦,外壁以真壁(編竹夾泥牆)為材,紅磚建造的煙囪在整座建築中特別搶眼。

這些建築有的倚著媽宮城牆而建,有些甚至以城牆

為壁，緊捱著古城。與澎湖防衛司令部相鄰，位處馬公市西側「將校眷村」軍官眷舍自此成形，這也是篤行十村眷舍的前身。

二次大戰日軍戰敗，大日本帝國宣布無條件投降。

1945年國民政府來台接收日產，於馬公重砲兵大隊原址設立澎湖要塞司令部，首批國民政府派來接管的軍官眷屬進住日軍遺留的眷舍。國共內戰中華民國政府失利後，為安置大批政府撤退的軍眷，軍方陸續於週邊增建眷舍。

新建眷舍以就地取材為主，不脫以竹、木材、石灰、黃泥，編竹夾泥牆，加諸澎湖特有之玄岩、咾咕石，以公地公建的形式，形成數村同地(篤行、四知、莒光)的眷村群。戒嚴時期因它鄰近軍事營區及海岸重哨，平日鮮少外人穿梭，更讓這個地方多添了幾分神秘色彩。

其中，緊臨著媽宮城牆兩側，並合併了四知新村的篤行十村，是日軍當初眷舍的延續，也是全台最早、最古老的眷村，知名歌手及唱片製作人張雨生、唱紅「外婆的澎湖灣」的潘安邦以及藝人趙舜、胡錦都在這裡出生成長。

篤行十村因為最早興建，它跨越了日據時期、二次大戰後以及國民政府來台三階段，建物更遠自清領時期的古城牆面、日據時期的日式房舍、戰後以至民國初期的特殊架構，文化多元且豐富，除2007年澎湖縣政府將篤行十村登錄

為歷史建築，2010年前後更規劃為「澎湖眷村文化園區」，鄰近以玄武岩建成的莒光新村隨即且整修完成，成為推動十三省小吃的基地。

末代里長軍人性格 澎湖眷村文化園區重要推手

這樣一片位居馬公市區且三面環海風景秀麗的精華區，能在目前許多地區仍以都市發展為先的重重困難中，完整保留成為台灣第一個眷村文化園區，不致走向被拆除重建的命運誠屬不易，積極推動的傳奇性人物正是承襲了父親軍人性格的末代里長商累愛。

而這「傳奇性人物」的定位，其一為他是篤行十村與莒光新村合為一村的興復里最後一任里長，人稱末代里長；其二為他是留住澎湖眷村文化園區的重要推手。

對於留下這塊澎湖的精華區為眷村文化園區，商累愛並不居功，他認為：一個想法的成形，如何讓居民體悟我們的歷史文化有多麼重要、我們的故鄉有多麼美、我們的環境有多麼好，如何引導居民行進方向，並非單薄的力量可行，一定要有很多相關策略的配合，才能成就留下我們的文化足跡的美意，且促成這麼大的一個案子。

因此澎湖眷村文化園區的成立，除了有一群好的夥伴一起推動，還要有公部門的協助，主政者的認同與配合。但一個鞦韆立於場中，沒有風的吹動，沒有手的推動，它不會自己晃搖。商累愛便是那隻推動的手、那一陣風。

出生於澎湖馬公篤行十村的商累愛即便已過半百，身形仍然英挺是名副其實的山東大漢。他是外省第二

代，父親於1945年第二次世界大戰結束，中華民國政府從日本人手中接收臺灣，便隨國民政府派任來臺。

在台灣出生的山東漢子商累愛，說話是緩緩文雅柔性的，一點也感覺不出一出口百公尺內清楚無疑的山東人說話的模樣。

因為歲月變遷或是生長環境的迥異，讓是山東人的商累愛說話並沒有山東味，至少不那麼大嗓門的感覺。

商累愛自覺軍人身分且祖籍山東，讓他性格較為強烈，在工作上會比較展現出他山東人的魄力與強勢的角色，但退休及年長後他慢慢地在改變自己，人與人之間的溝通以及互動，他向許多年長者、智者學習，慢慢調整出不那麼犀利的語言藝術。母親來自西嶼小池角的商累愛說：「篤行十村中本省媽媽的比例占百分之九十，眷村成員組織成分很多元。」

這正是篤行十村與台灣其他眷村不同之處。

許多眷村成員夫妻皆來自大陸地區，當初撤退時一起來到台灣。而澎防部以前是澎湖地區唯一作戰指揮中心，管轄了陸海空三軍，早期三個副司令的眷舍都在篤行十村，更包含很多國防的事務單位的眷舍都在這個地方，並非單獨屬於三軍的任何一種軍種。

「大家都知道這地方的村名叫篤行十村，但早期它還包含另一個眷村。在潘安邦故事館內可以看到一張居住憑證上寫的是四知三村。四知是屬於聯勤的眷舍，當初是以公地公建，再分配給聯勤的士官兵居住，因此以聯勤眷舍的慣例命名。」

眷村的名稱一般是按軍種、特性、精神標語或信念去命名。例如名稱上有「陸」的多為陸軍眷村，如「陸

光」；有「憲」為憲兵如「憲光」；「明駝」、「四知」是聯勤單位；空軍以「大鵬」與「凌雲」等與空中有關的名稱來命名；而有「貿」字的是因業界捐款而有此命名；由婦聯會捐款成立的名稱更為柔性，如「婦聯」、「華夏」、「慈仁」等名。而澎湖地區測天島所屬的「光華」、「自勉」則為海軍當初遷出後再重新給予命名的眷村。

因為合併等等因素，許多眷村的名稱隨之消失，四知三村便在實行合併作業時併到篤行十村，至今除非當時的住民，人們也幾乎遺忘四知三村的存在。早期省籍對立時鮮少有本省籍的孩子會踏入眷村，尤其有些眷村在入口處還設有拱型牌樓，或大門設備，形同自成格局，部分眷村甚至與軍方連結，非眷戶不得進出，因此幾為半封閉狀態也更添它的神祕性。

這些離鄉背井，在異鄉與來自不同省份、文化的成員，重新結合出一個更多元的社會，發展出深具特色的生活文化是所謂的眷村文化。

居住群的同質性，是成員大都經歷戰亂，且在戰後初期省籍對立明顯的衝突中，讓眷村的成員更具凝聚力。因為曾經共患難，同甘苦相持相依，凝聚出更緊密的連結情感，因此，不管是外省一代或二代，都很懷念

那裏的生活。

　　近幾年許多有關眷村生活的影片或電視影集陸續播出，如光陰的故事、再見，忠貞二村等，寫實且親民，劇情看來令人輕鬆又動容，收視率及票房不差，稍稍揭開眷村生活的神秘面紗。

本省媽媽文化雷同 是篤行十村凝聚的最大力量

　　在眷村成長過的孩子凝聚心很強，商累愛自小在眷村成長，直至到軍校求學才離開篤行十村，他原在這裡是的家便位於內城區。

　　城牆因日人建築港口，被拆除掉大半部分，目前僅餘從順承門起，至西瀛勝境牌樓至胖達簡餐店這一段。篤行十村因為位置的關係被馬公舊城區分為城內區與城外區兩部分，內城區的住宅自順承門旁的高坡及城牆內的範圍隔著一道圍牆與澎防部為臨，城外區則是由城牆外至介壽路內的範圍。

　　內城區除了篤行幼稚園，專為軍眷服務的軍眷服務中心也設在這裡，可以說是篤行十村的行政中心，但由於城內範圍有限，住戶並不比城外多。

　　「內城區住戶生活在一起、吃睡在一起，感情特別好。」

　　十幾戶人家，經濟狀況以及階級都不一樣，融合度非常奧妙，大家生活一起，家庭經濟比較差的，媽媽便需要出去打零工賺錢，其他不需外出工作的媽媽，便會輪流幫忙看顧鄰居的孩子。

　　逢年過節，幾個家庭一起包粽子、蒸年糕，階級不同所能得到的資源也不同，但高級軍職的會將所得的資

源與其它家庭分享，整個生活形成互助體。

補給站內擺滿了內裝菜料的大錫盆和水桶。大人們七手八腳地忙著作料、包餡和蒸炊。小孩子也不曾閒

著，男孩們分組尋來枯枝柴薪，女孩們幫忙清洗與添柴火。

在等候美食的興奮中，一群男孩抓起彈珠，在篤行幼稚園前的空地上挖出五個小洞，彈珠入洞傳出一陣歡呼。補給站前方的空地也不曾閒著，小女孩撿來紅磚碎片，畫出了跳房子的框格，藍色的小花裙在跳動中隨風輕舞。

眷村居民的情感在相依相持的生活中一點一點累積。

許多眷村的夫妻成員常是妻隨夫撤退來台，因此軍眷大部分也是外省籍的，家庭生活中心是身為軍職的外省爸爸，是以父體系為主。

篤行十村內的本省籍媽媽占了百分之九十的比例，尤其澎湖人佔的比例很高，父親來自大陸各省，同省籍的人數並不多，即便同一個省份因地域廣大，飲食及各種生活文化也都有差異。

本省媽媽族群間文化、生活習慣距離小，凝聚力量更大，因此這個眷村很多傳承的文化都是跟著母系走，

包含了人際關係、語言、宗教甚至部分飲食習慣，幾以母體為主，「人單勢薄」的外省爸爸有些部分甚至也被「本省媽媽大軍」同化了。

這是篤行十村與其他地區眷村的不同點。

所以在這個地方的外省爸爸對台語的聽力很高。幾乎日常生活的對話內容都難不倒他們，只是大部分人還是沒辦法啟口以台語溝通，形成一個有趣的畫面，常是媽媽說著閩南語，爸爸卻用自己故鄉的語言，偶而穿插著極具鄉音的閩南語回答，這兩種語言對話，形成相當特殊且有趣的生活畫面，但卻常常是「溝通無礙」。

很多外省人，即便自年少十五二十時至髮禿齒搖，在台灣一住數十年，卻仍對台灣話鴨子聽雷似的「莫宰羊」，篤行十村這樣的畫面算是特殊眷村奇景，這樣的特殊文化似乎與一般人印象中的眷村大異其趣，也令人

對它的神祕感產生更大的好奇。

遊戲打工度過童年　澎湖海洋文化在生活中進行

篤行十村的孩子唸的是中正國小，一般而言，上、下學時向北走介壽路經西瀛勝境牌樓下直走至學校的距離最近，但孩子們卻喜歡反其道而行。

中正路上的商店林立，走起來比冷清的中正堂前有趣得多，尤其是中央街內的小雜貨店，抽紙牌、小童玩及零食，走進中央街如同進入大觀園，孩子們三五成群地沿途一間間探奇，一趟五分鐘的路，常常拖了一小時才回到家。

來到城牆下，女孩們進入城門下的新復路，爬著緩坡路轉走回家。男孩們卻不喜歡遠走「正途」。城牆側小丘上便是家，一群男孩嬉笑地爬上陡峭的土坡，抓著高齡的榕樹氣根與枝椏，腳蹬著土坡努力攀爬回家。

由於軍眷媽媽幾乎都是在地人，地方性的凝結力更高，包含澎湖在地的海洋文化都隨著這些世居本地的軍眷媽媽，很自然地在生活中進行。

民國六十幾年漁業興盛，這個眷村因為距離馬公港近，許多孩子國小階段就跟著媽媽到碼頭搬漁貨賺取工資貼補家用。

篤行十村居高臨下，整個附近海域視野一望無垠，任何動態都逃不過眼裡。

假日時，住在城內區的商累愛慣例和幾個孩子在村裡玩彈珠的遊戲，他的技術高超準確，總能讓彈珠直線進洞。忽然遠遠傳來漁船進港「啵!啵!啵!啵!啵!」的馬達聲，孩子們立刻抓起彈珠，爬上篤行托兒所前的城牆

高地查看，那是媽媽工作的漁船即將進港，商累愛隨即轉回家，跨上最心愛的腳踏車飛馳往港口準備搬貨。

談起這腳踏車，商累愛興致很高：「從事漁貨搬運工作的孩子，每個人都有一部二手的鐵馬，以便在漁船入港前能快速到達碼頭。」

孩子們為鐵馬漆上自己喜歡的顏色和圖案，紅的、黑的、藍的、白的，各色都有，更賦予一個編號和名稱，每一部都有著主人的特色，這部腳踏車是孩子們的交通工具也是生財器具。

船將進港，一群彩色的鐵馬騎士從內城穿出，踩過小路，順著新復路的斜坡彎道疾馳而下，快速滑過順承門，沿著中山路直達復興碼頭，等待船隻入港。

這樣的情景是輕鬆自在也頗為壯觀。

「這些漁船是家庭副業收入的重要來源。」商累愛的童年因居住地理位置與漁船很有接觸。

當年的漁獲量豐，漁夫收入不差，因此船隻入港之後，疲憊的船員便將搬運漁獲及生活瑣碎工作交給這些與漁船配合的兼職人員。

「除了搬漁獲，媽媽也幫漁夫洗衣服，或做些代為採買的工作，有時候船隻上架，孩子們也來幫忙清洗。」舉凡漁船拋出的瑣碎工作，為了增加收入，他們都樂意接受。

　　由媽媽帶著從事的副業工作有很多項，沒有漁船進港的日子或不適合粗重工作的女孩子們，就在家裡作貼金紙或聖誕燈飾等手工代工，或到南甲廟附近的剝蝦場剝蝦。

　　這些工作讓眷村的家庭能在父親軍職微薄的收入中多添薪津，讓清苦的生活稍能喘息。

　　在寒流來襲的冷冬，大地一片霜寒。海水的冷凝低溫將凍昏的魚任其擺布地隨浪花上岸。最嚴重的一次應該是民國65年12月26日至次年的2月24日這段時間，這是近幾十年澎湖最大的寒害，為期兩個月的低溫，將沿海底棲魚類和珊瑚魚類，幾乎都凍死。

　　那時莒光新村崖下、金龍頭砲台北方的海域便見大片魚群載浮載沉。眷村村民以自製的長柄手撈魚網，迎著強勁的東北季風，前後錯落地站在拍打上岸浪花的白沫裡，冒險撈捕凍死魚。

　　冬季灰濛的天色與翻滾著白沫的藍海，被衣衫的色澤綴出一帶彩麗，沫內的人們身上受著十級以上的冷風，腳下泡著五度以下冰冷的海水，在濕冷中靜待那大浪推來的魚兒。

　　他們眼觀遠處長浪冒險涉水撈捕，眼力要好手腳要快，浪頭上頂著一尾尾在冷冽寒風中奄奄一息，被凍昏的魚，手中的長柄撈網便蓄勢待發，待浪潮將魚兒

沖上岸來，手腳俐落快、狠、準是收得漁獲的不二法
門。這次寒害也是村民們歷年來「漁獲量」最大的一次。

　　這樣的寒流季節，對不以捕魚為業的篤行十村村
民，是一次上天賜予的大收穫，幸運者甚至可以捕獲市
價萬元以上的大石斑，未撈得大魚者也能滿載而歸，滿
滿的魚獲常得扛得氣喘吁吁，在寒害來臨的冬季，在物
資匱乏的年代，凍死漁無緣曝屍海岸，在昏厥的同時便
已被網進籃裡，成為盤中佳餚，這豐收也讓村民忘記了
撈魚過程侵肌入骨的寒。

　　這片海灣位於觀音亭向左延伸的海域，下迎著北方
的大片汪洋。因著季節與潮流的關係，冬季常有「寶物」
可拾。

　　商累愛猶記得他們在高崖上向北眺望，一包包黑色
的不明物品在海上漂浮的情景。

　　「一群孩子看到海面上有東西，便延著陡峭的山路
滑下海邊，原來那黑色的物品竟是價值不低的香菇往往
高興得大叫。」

　　這些香菇來自於漁船走私「丟包」後在冬季的駭浪
中被推打進岸。當年香菇價格不低，一包包完整的「黑
金」隨著浪潮漂進海岸，怎不令人欣喜若狂。

軍旅生涯回鄉服務 父子親情因國家任務更緊密

　　商累愛高中畢業後就讀政治作戰學校影劇系，畢業
後籤運不好分發到野戰部隊，十數年的軍職工作都在野
戰部隊度過，不曾派至離島。

　　在外多年他開始想念家鄉，也覺得該回故鄉侍奉年
老的父母，於是請調回澎，民國83年三十出頭的商累愛

帶著家眷如願調回澎湖。政戰業務
是他較為熟悉的，但時任澎防部主
任的郭仲卻要他接「眷管」這個工
作。

　　「眷管」是早期權威時代的名
稱，後來改成「眷服處」，商累愛
笑說「不敢用管的而是要服務了!」
這樣的名稱變化或單位處理事務的
心態變化其實也是一種歷史軌跡，
彼時代的「管」或許有存在的歷史
意義，但跟著社會型態的轉變，以服務代替權威更能貼
近民心。這樣的軌跡其實是一種演進，是一種戰亂結束
初期到國泰民安整個走勢的修正，如同歲月在每一處場
景中緩緩走過的履痕。但商累愛對眷改二字確實陌生。

　　郭仲對他說：「澎湖這個時間點眷改是很重要的工
作。」

　　商累愛誠惶誠恐，主任卻很篤定地丟下一句話「有
問題就回去問你父親」。

　　他考量要商累愛接這個工作的原因有二，一是他出
身眷村，對眷村文化以及各種細節相當了解，但最主要
還是商累愛的父親商藍亭，擔任軍職時在要塞司令部負
責營產管理。要塞司令部的成員於二次大戰結束日軍投
降時，就被派任到台灣，那時國共間的局勢並不是那麼
緊張。

　　國軍尚未撤退來台，台灣地區並沒有眷村的編制，
軍眷的居住仍未形成聚落，所有屬於軍方的土地或眷舍
都由「營產」這個單位管理，商藍亭算是澎湖軍眷舍業

務早期的承辦人。他在軍職時管理土地，轉公職時也從事地政業務，退休後接任山東同鄉會理事長，在外省族群中商藍亭是頗有份量的意見領袖。

因為父親的關係，商累愛便一腳踏入眷服領域。

接眷服工作商累愛首先遇到的便是眷村改建。商累愛未曾接觸相關業務及法令，常常一眼茫然。

他記得自己第一次赴台參加全省眷服會議，對議程中的專有名詞及土地法規，完全不懂，坐在會議室裡的他如坐針氈，覺得此刻自己的智商頓時降至最低。

回澎之後他馬上向主任提出不接眷服業務的意願。曾任眷服處處長的郭仲立刻從櫃子裡取出一本「土地法規」要他回去細讀。同樣地又丟下一句話：「不懂的就問你父親。」

原來一位工作上重要的人生導師就在他的身邊。父親是商累愛眷服工作的活字典、史記書冊，更是他起步時解惑的後盾。

也因為父親的關係，每當他到縣府、到地政處辦理業務，受到許多人的資源提供與實質幫助，辦起事來順手許多。

商累愛接眷服工作時，全省建村改建計畫正緊鑼密鼓地展開，他也開始忙碌地投入眷服工作，整個調查工作他記憶猶新，他將縣內所有眷村眷戶一一列冊，以為密網無

遺，但父親告訴他：「集結的眷村遷移完成了不叫一百分，你得徹底解決歷史的問題。」

商藍亭所指的歷史問題就是「散戶眷舍」，在政府初接台灣，眷村尚未形成前，台灣各地有許多獨門獨院的眷舍，那是與商藍亭同時被派來台接管日軍遺留下的軍職人員眷舍，馬公地區也為數不少。

父親要商累愛一次看透問題，散戶問題須一併解決，尤其是佔用縣府及馬公市公所土地的，需一併歸還。

回想起來，澎湖眷村的改建，包含早期眷村存在的問題，商藍亭是一個非常重要的角色，連結歷史也延續歷史。

80歲高齡的商藍亭那年已體弱身虛。

「只有父親清楚到底哪幾戶是國軍的散戶眷舍，因此我開車載著父親一戶一戶拜訪，一間一間了解，他清楚地告訴我每一個眷戶的狀況，連裡面住了甚麼人他都如數家珍，我認真仔細地一一筆記……」談到這裡商累愛不禁哽咽。

光陰頓時停歇沉靜，周邊的空氣凝結成珠，一股思念的酸澀自商累愛心中溢出，回鄉第二年父親逝世，這人生最末時期的父子親情在處裡國家任務中更加緊密，他的離開對商累愛打擊相當大。腦海裡不時浮出父親孱弱的身影。

「我沒料到父親竟能將這些散戶眷村的狀況掌握得如此清楚。」

回復情緒，商累愛語調肯定，彷彿驕傲於父親的盡職。因為父親的協助，他完成澎湖眷舍調查表。當他將

資料送至主任辦公室時郭仲相當訝異。

「即便在全省會議時也讓主管機關驚訝。」因為沒有地方能做得如此完整。

後來他更將這些散戶與集結住宅納入行政院改建總冊，讓後來的土地歸還及眷戶安置能有法令依據。

「全盤考量、一次看透」，父親的一句話讓他全力推動眷村改建計畫，若當初未考量到這些細微的問題，新建集合住宅飽和後，再也容不下零星散戶，面對往後的都市更新重建，他們將無語問蒼天。

於是商累愛協助眷戶們遷移至暫居屋舍，協助許多眷村拆除重建過程，眷戶移居至澎湖監理站前方的臨時眷舍，直至馬公市三多路的龍行新城建好，原屬各眷村的眷戶才入住新的集結住宅

再不投入就來不及 毅然退休轉戰眷村文化保存

改建案結束，商累愛無意他調升遷，也因為父親離世的打擊，一心只想著安安穩穩地留在澎湖照顧家人，也因決定要投入文化保存，因此申請退伍。

一個在眷村長大的孩子，對眷村的感情無庸置疑，

退伍後，他啟動文化工作，組織社團、推動保存，一樣以父親的「全盤考量」來處理眷村的文化存留。因為眷村的文化正在改建中一步步消失，再不投入就來不及。

他期望將所有思維中

想到的都能盡量留存，最後再集中置放於篤行十村的文化保存區。但此時並無法令依據，文化保存仍是難事，軍方佔有百分之九十土地所有權的篤行十村，隨時可能面臨拆除的命運。

「如何讓它緩拆，同時等待法令通過，這時是個關鍵期。」

於是商累愛集結全省各地致力於眷村保存的夥伴，聯手推動眷村保存法令的修法，在國軍老舊眷村改建條例，增列文化保存法。過程中時任立法委員的林炳坤，也在無黨聯盟中努力爭取支持，為修法著力不少。

整整三年的時間他常跑立法院，交通費用、精神上的耗損都比服務軍職時負責的眷服工作更大，但商累愛卻覺得內心的充實度更為紮實。

三年時間，甚至在更早之前，當商累愛及一些夥伴

決定要將篤行十村保留時，全國各地有心人士急速串連，大批人力及物力便開始積極投入。

　　商累愛最引以為傲的是篤行十村在全省眷村保留過程中，擁有最大的優勢條件。同時也是速度最快，跑在最前端的眷村，因為這個地方民風純樸、單純，眷服部門配合度高，加上長官的佈局，承接過程帶著歷史感及對這個地方的感情，非以過客心態來做，因此做得徹底。

　　之後全省各地的保存基地，都是以篤行十村的執行模式為依據。

　　「因為當初起步得早，政府的資源尚未投入前，就獲得很多奧援及智者知識的提供，讓我們能夠步伐快速地做了有急迫性且該做的事，否則等到公部門正式投入，許多該留下的東西時機可能已經過了。」

　　協助眷戶遷移及文化保存的工作，一開始由澎湖縣眷村普愛協進會先做基礎服務。

　　普愛協進會早期成員都是眷村成長的夥伴，尤其是從小在眷村成長的第二代，投入這方面的工作更為有心。有關改建政策實行後，眷村眷戶的相關協助，都是協會成員的工作範疇。

商累愛與這些夥伴全力投入，一群為眷村文化存留著力的人，有錢出錢、有力出力，商累愛提供自己剛落成的新家當工作室，投入金錢、體力、知識、個人能力及人脈，

全心全意推動眷村文化保存，終於讓篤行十村成為全國第一個眷村文化園區。

　　但在保存眷村只是一群有心者的意念，法律尚未通過眷村文化保存之前，及在沒有相關經費的狀況下，篤行十村迫在眉睫的各方面文化保存工作如同無米之炊。「每次遇到重大挫折，我心中的軟弱很快就被打敗，幸好每次都有貴人出現，給我最大的幫助。」

　　起先他想做動態生活史的紀錄，要留住影像，要拍攝紀錄片。正愁著無人無經費，澎湖籍的知名攝影家張詠婕便邀來一批國家級的攝影名家，在篤行十村尚未遷村前，居民生活仍然完整時，不僅透過鏡頭留住屋舍環境的形貌，也留住人們，甚至動、植物的影像以及這個地方所富含的情感，因為影像最能代表及活化文化的軌跡。

　　在老長輩們的生命紀錄訪談中，也獲得許多志工的協助。

　　商累愛認為環境需軟、硬體配合，才具有生命力：

「一棟建築,如果去掉屋前的大樹,便失去了它生命過程的精采。」

他們也擔心植物被掠奪、破壞,便針對植物、環境做調查、紀錄。

暑假期間,遠在台灣的台大、樹德、中原、世新等校的老師帶著大批學生進駐篤行十村,他也擔心眷村未來保留的狀況是否能將新舊文化的軌跡一起存留,因此於暑假時邀來台灣相關科系學生,帶隊到篤行十村協助測量、做標本及做模型。白天如火如荼地展開各項工作,午餐吃著普愛協會會員捐贈、商夫人圓庭烹調的大鍋菜,夜晚便在村內空屋裡攤開睡袋席地而睡。

跟一群學生在一起,商累愛和妻子也學會很多以前從未接觸過的事,他尤其佩服一群十幾、二十歲的孩子,能將思路化成動力並徹底執行。即便許多老伯伯、老奶奶初期無法排除面對鏡頭的恐懼感,他們仍耐心地等待,就這樣一步一步完成各項紀錄。

這些紀錄最後都成了所有眷村住民的回憶珍寶。

但做得越多、越細微、越深入,商累愛越是發現若無行政舞台,推動保存的力道將不夠強,成功之日也會遙遙無期。

在許多眷村改建的經驗中,因為眷戶們不瞭解這些物品的重

要性，眷村在眷戶撤離後留下許多具歷史意義的文物，
常成為有心人士大肆搜括的寶地，若無行政體系支撐，
眷戶搬遷後整個眷村將面臨文化破壞的大浩劫。

　　於是商累愛投入里長選舉，一戰成功，更有助於他
協助眷戶的工作。

　　他開始做「教育」眷戶的工作，結合澎湖知名社團
「懷舊學會」到眷村與眷戶做文物交易。過程中許多老
伯伯才知道家裡一些不起眼的小東西竟有這麼大的價
值，即便連陳舊的鍋碗瓢盆都有其可留性，因此在整理
家當搬遷時也會特別注意這些文物的保存。

　　同時，澎湖縣眷村普愛自強協會也擬定了龍行新城
大廈管理條例、協助辦理眷戶抽籤作業、完工驗收及交
屋等相關計畫、製作新環境適應教育手冊，以協助住慣
了眷村的眷戶們學習新的環境與族群融合。

　　尤其在做最後搬離前一些物品的整理都要非常小
心，不是很了解眷村生活文化的工人，很可能就把很有
留存價值的東西給破壞掉了，比如早期食物取得不易，
很多家庭的經濟水平也不高，很難有多餘的金錢可以買
肉類替孩子補充營養，所以一般家庭除了要有副業，也
要自己豢養禽畜以便在年節時有魚肉可以祭拜祖先，也
可以為孩子補充養分，因此
在眷村的居住空間裡，有豬
圈、雞舍、兔舍、鴿舍，不
小心把這些東西破壞掉，眷
村文化生活園區裡便少了很
多可以感動人的元素。

　　商累愛與一群致力留住

這片土地當年生活環圍的朋友，都是以細緻化的心情在處理每一個方寸。

龍行落成舉村遷移 新舊居期待與不捨五味雜陳

2007年1月，龍行新城已落成啟用，所有的眷戶陸續搬遷，篤行十村與莒光新村也舉村遷移。

即便篤行十村的村民早已知道移居龍行新城的事實，接到要搬遷的通知，心裡仍不免五味雜陳。

篤行十村眷舍雖然各有門戶，又屬「頂天立地」的透天式住宅，但每戶的實際坪數不大，有時一間僅6至10坪的住宅內擠了一家人，生活並不方便，且因年久失修，這裡的房舍也已將破爛得不堪使用，居住環境其實並不舒適。新建的龍行新城每戶坪數較大，不必全家人擠在一間小房間裡，生活的舒適度確實好很多。

在改建眷村為高層國宅大樓時，已藉由新增的戶數空間，引進一般社會上的國宅購買者與原眷戶混住，新的居住空間族群更為多元，左右鄰舍與原居地必是不同。

許多老兵伯伯從大陸撤退來台就跟篤行十村結下不解之緣，一住六十幾年，這是塊比故鄉居住時間更長久的土地，對很多人而言，這裡才是真正的故鄉，感深不可分。要遷村，那情感就像一棵棵已駐地經年的大樹，要被連根拔起再另地重植。

那天的聚會大家互道恭喜遷住新居，但商累愛觀察到他們的內心的掙扎點是一致的，充滿對新環境的期待與對舊環境的不捨。

餐會結束，在中正堂前廣場留下大合影，攝影師從

團體正面六十度仰角的高空向下鳥瞰，村口精神指標「毋忘在莒」巨石入鏡了、他們長久居住最眷戀的家也入鏡了。

　　這一張空前的村人大合照是歷史性的紀錄、搬新家也是一件值得高興的事，燦爛笑容在鏡頭喀嚓兩聲結束後瞬間凝結，大家難過得說不出一句話別，口中叨唸的是對這個地方的情感，頻頻回首故居，似乎在這最後一刻，想再留住些甚麼、感受些甚麼，在內心的矛盾與衝突後，大家還是得黯然離開。

　　最後他們沿著眷村的窄小巷道再走一遭，許多老伯伯紅了眼眶，如同戰亂的年少離開故鄉時的酸楚，新屋落成的喜悅中卻夾雜著另一種對舊居依依難捨的哀傷。

　　「記得剛搬到龍行新城初期，許多老伯伯到市場買好菜，摩托車、電動機車不自覺地就直接騎回這個地方。」

　　幾十年來這始終是他們回家唯一的路，面對以前沿路左右鄰舍熱情招呼，如今僅剩冷風穿過的舊宅巷道，許多老伯伯便在自己的老房子前留下涔涔淚水。

分段累進推動保存　留住馬公後花園與呼吸的肺

　　推動眷村文化園區的成立過程是分段累進的。

　　起初商累愛只規劃留住一間展館，好陳設許多人花很多心思為這個地方做的紀錄，及他們苦心蒐集而來的各種眷村文物，

並不敢奢求全面留下。

　　但曾經在日本及歐洲拿過紀錄獎的攝影師導演盧建銘來到澎湖，商累愛的妻子圓庭帶他到眷村現場，鼓勵他們盡量把整個文化留下。

　　「如果只把這個地方設定為特定族群的懷舊地，那就太閉鎖了！」

　　自此，規劃時便朝馬公居民共同享有的生活區塊為目標，以地方居民的生活方式規劃。留住眷村文化的面便擴大了！

　　即便連全部以玄武岩興建文化園區北側的莒光新村，從此也排開被拆除的命運。

　　「我們從一間廁所開始劃，一直往外劃，爭取時間空間時將它的價值感呈現，慢慢說服有關單位。」

　　初推眷村保留時很多人都認為政府不可能把這塊精

商累愛

華地留住，商累愛和伙伴也自知困難，因此不採單打獨鬥的戰術。

「馬公金龍頭是所有澎湖人甚至是早期曾參加過救國團活動的人共同記憶，情人路、救國團青年活動中心舊址、海水域場……」

於是他們將戰場擴大，不自私地只從留住興復里眷村生活範圍為出發，以為馬公這個在澎湖地區被過度開發的都市留住一塊能呼吸的肺、留住馬公地區的後花園為訴求，對整個文化的保留考慮得相當細微。

「澎湖人很有感情、很容易被觸動，這就是他們可愛的地方。」

以篤行十村為範疇的澎湖眷村文化園區果真成型，臨近的莒光新村也間接被保留下來。

商累愛認為自己「末代里長」的角色是階段性的任

務，不當里長了!里也消失了，居民都遷到龍行新城的集結式住宅，但他卻推掉居民要推薦他擔任社區重要幹部領導人的職務，賣掉位在那裏的房子，搬到澎南地區的五德，過起卸任後眷村文化園區後續資料整理及民宿經營等半隱居的生活。

即便已無行政職務，他仍在為這個地方做事，有策略、有步驟默默地做。

對他而言，澎湖眷村文化園區似乎是他一生中最關注的題目，從小在那裏成長，就算已人去樓空，他對那裏的愛不曾隨時間逝去而消褪。

「保存眷村最重要的角色其實是在這裡出生成長的第二代，如何在歷史上畫下完美的句點，眷村二代的努力不可缺少。」

商累愛覺得自己必須停下來，為之前幾年所做的努力與手邊的資料做一個整理，必須要不受干擾地統整一些值得珍藏的事物。

他很希望眷村第二代的思鄉情緒能夠越來越強烈，即便眷村文化園區已然成型，但後續還有太多事情要做，留下眷村的記憶與文化孤掌難鳴，誠非一己之力可以完成。

「以前一直提醒家有長者的眷村二代沒事要常跟父母聊天，錄下他們的談話內容及影像，因為我的時間無法全面完成。」

但聽者渺渺，直到長輩過世了，許多人用祈求的眼神問商累愛，生命史的記錄中是否有父親的影像?

答案常是令人失望的。

「失去的才知道可貴，很令人惋惜。」

商累愛認為眷村文化園區的保存只是一個起頭，澎湖太多文化需要留住，社區人們從自己的角落站出來情感最深，如果不知道要珍惜、保留，當失去了就難以尋回。

城牆故居與芭樂樹　回首舊時處憶念中不勝唏噓

這天是103年的11月間，已是秋涼的季節，暖陽卻依然守候著這片高地。移居他處已經9年的商累愛帶著我們一行三人回到他從小成長的地方。

「常回來是職業病，尤其颱風前、颱風後一定要回來看看。但看著它不斷地、不斷地、不斷地凋零，心中感受相當淒涼。」

再回到舊時地，商累愛從順承門起逐一回憶，指著連著城門的丘坡，他說：「這就是小時候『不走正途』，『爬』回家的捷徑，因為喜歡走中正路、中央街，和閩南人也很有互動。」

穿過古意的順承門再往前行，林木蓊鬱的情人路映入眼簾，這個區域是馬公人共同的記憶，管制前情侶約會的勝地。望向南方的海域，海蛟中隊設立前，這裡原是一大片潔白色的沙灘，著名的海水域場，也是潘安邦外婆澎湖灣這首歌裡的場景，救國團青年活動中心就在目前海蛟中隊的位置。

沿著新復路上坡轉彎處，篤行十村唯一的商店位於自順承門進入新復路緩坡道上的第一間房宅，爬上十層階梯，榕樹下居高臨下視野廣闊的正是「金龍商店」，頹圮的屋舍在大樹下寫盡滄桑，那斑駁的紅漆大門猶在樹影下閃爍光影，這裡有村民深刻的記憶，雖然小店面

裡的貨品不若馬公街上的商品豐富，但一群孩子共吃一枝「枝仔冰」的甜味他們猶然記得。

商累愛指著階梯牆上依稀可辨的「金龍商店」字樣說：「這家店的單枝香菸很讓人回憶。」

原來當年許多人買不起整包菸，金龍商店便化整為零單枝出售，讓人都能解解菸癮，但相對的，也讓一些對抽菸這件事充滿好奇心的年輕學子，初嚐香菸滋味。

轉過金龍商店，頹圮與已修建房舍並陳的篤行十村屋頂整齊排列。木編竹夾泥牆的日式房屋首先映入眼簾，艷紅色的磚造煙囪搭配日式文化瓦相當搶眼，加上咾咕石建成的圍牆深具特色，我們彷彿可見當年花木扶疏的院內眷戶居住的場景。

這樣的建築在日本竹富島都已被政府列入「重要傳統建築群保存地區」，據聞目前僅有四個國家有此類建築，篤行十村是其一。

商累愛形容這個地方的日本眷舍設計特色：「防空洞、焚燒文件或紙張用的焚化爐，另外圍牆邊的垃圾孔是一大特色。」

他指著圍牆底部已被空心磚塞填的的垃圾孔：「垃

圾孔在牆外設置一道木製閘門，傳令從屋外打開閘門取走垃圾，軍官住家生活不受影響。」

　　穿過內外城區界線的拱門，商累愛說這裡原有兩間官舍，影星趙舜家是其中一間，之後他又笑嘻嘻地回憶起童年，沿著城牆爬到管制嚴密的澎防部，摘取桑葉以及桑椹的情景。

　　「城牆上長了很多老種的桑樹，果實小小的，口感卻非常甜美。在高高的城牆上澎防部內的情景一覽無遺，常常看到整排阿兵哥赤裸裸地在水池邊洗澡。」

　　城內區的防空洞小而可愛，是立於地面隱在兩牆之間的拱型建築，不經介紹很難看出它竟是一座小小的防空洞。洞內明亮且乾淨，在戰亂時期過後儼然成為城內區孩子難得的遊戲區，如今成了旅客穿梭留影的景點。

　　洞外的芭樂樹商累愛視如珍寶。他提醒回到這裡種菜的一位重聽伯伯不能再把芭樂樹砍掉，重聽的老伯伯顯然聽不清楚末代里長叮嚀的內容。

　　「傷腦筋，再砍就沒有故事了！」看著被砍得只剩一棵的芭樂樹他突然沉重了下來：「我們以前哪捨得砍，如果修剪砍下粗枝孩子們就搶著要拿去作陀螺，一點也浪費不

得。」

當歷史的軌跡不曾存留，亦即舊有的房舍已被完全拆除，興建為當代建築，這塊土地上曾有的點點滴滴也將歸零重計。

在商累愛心裡，當初存在這裡的每一項事物，都寫著這塊土地的歷史與故事。

篤行十村的價值便在於它留住了每個年代的歷史痕跡，如果你能仔細，帶著考古的心情，在篤行十村好好地走一趟，你可以發現這裡有明清朝時期的遺址，所以稱他為全台灣最古老的眷村並不為過，因為他有歷史的軌跡可資證明。

馬公地區自日據時代開始便有都市發展的規劃，因此清朝時期的歷史建築在市區裡幾乎已經看不到，而篤行十村這一整區眷舍，自清朝以來都是軍管，因為軍方管制，地方政府及居民少能接觸或處置，破壞便少，才能將這些實體給保存下來，不致因都市發展或商業考量消失在歷史的洪流中。

像這樣的眷舍在台灣幾已被拆光了，篤行十村所代表的歷史意義非常深遠，所以不能不設法保存。

商累愛對歷史保存的觀念是一貫的，他覺得歷史保存的意義並非只限於某一個特定區塊，而是完全回復到最早的歷史才算完整，刪除之後的歷史軌跡，或者只留下最接近現代的都不算正確。

因為歷史是有跡可循的，他的迷人、令人不忍拋離之處也因這軌跡而更具價值，這就是澎湖篤行十村在全省各地的眷村中占有最大優勢的原因。

眷村保存是浩大的，必須通過多方評鑑。

前文化部長龍應台曾到篤行十村視察，來到城內區的眷宅，窗櫺朽空、屋脊頹圮，許多舊牆卻依然挺立。她手指著一堵老牆上的青苔說：「我好懷念這樣的場景，對這樣的青苔我好有感覺。」

「她指的那一道牆，就是清朝時期遺留下來的建築。」商累愛領我們來到這堵牆邊，他曾經生活的記憶，撫著那道樹影終日遊走的古牆，心底藏的是比龍應台更深刻的懷念與唏噓！

那樣的感動、那樣的觸心是曾經在眷村裡成長的孩子共同的嘆息。這些孩子對眷村的記憶都非常深刻，即便那窄小卻得容納下一家人生活作息的小屋，稱不上富麗堂皇甚至是有點寒酸，卻永遠是此生居住過的城鄉裡，在心中佔有最重要位置的地方。

出了城到達篤行十村的城外區，規則的巷道整齊排列，踏過國民政府來台初期建造的連棟小屋，在這片歷經了多個朝代，歷史刻痕一一定位的土地，商累愛心中有許多文化保存的方向在著力。

這間不起眼的石屋最早期是公共廁所，廁所前一道橫立著的石牆，功能是用來遮蔽。後來家家都自建廁所，這裡便被改建為燒材火的灶式廚房，年節時，婆婆媽媽們都在這裡煮粽子或蒸年糕。

商累愛指著屋內的一角：「大灶就在那裡」

雖然破舊且屋頂已不翼而飛，屋內也長出及膝長草，但在國民政府初期建造的水泥房舍中，這間功能輾轉演變的石屋卻古味十足，常成為旅客取景的焦點。

可惜石牆前相關單位卻豎立了一面大大的「禁止亂丟垃圾」告示牌，整間石屋的美感已然受到破壞，商累愛搖搖頭表示無奈，他深覺許多建設都已經夠了，但舊文化歷史一經破壞便難以恢復，如果我們的建設是朝向永續規劃的角度去做也未嘗不可，但目前的的設計規劃缺乏整體性，幾以經濟價值體系為主，也就是以商業化為導向，如此缺乏長遠性，在歷史中的存留價值便大大降低。

眷村意見領袖原本的規劃是呈現這處原來生活的形貌，讓來者體會這處的種種生活文化，因此原規劃了生活體驗區，豬舍裡圈養著幾隻活生生的豬、兔子在舍裡繃跳，宅內的後院家禽啼叫，重現眷村當年生活的部分景象。

商累愛帶著我們來到日據時期軍方養殖信鴿的地方：「眷村搬遷前是馬公市民代表會譚蘭芬副主席的家。」

他們原打算重現當年信鴿訓練所的原貌，甚至已找到當年信鴿的後代，準備加以培生：「即便血緣已經稀釋，但仍有他吸引人的作用。」

商眾愛

　　就算早已經搬離這處，他的心仍掛念著地方的未來，他認為「以前的歷史背景不同，經濟型態不同，不知不覺中對歷史作了傷害或破壞。以為那是發展，但目前台灣已是文明國家，人民素質已經大大提升，便不能再做破壞歷史的魔手了……」

　　目前澎湖眷村文化園區在相關單位陸續規劃後將舊風貌轉化出新氣象，尤其園區內的張雨生故事館與潘安邦故事館，深受念舊的遊客所愛，在歷史的長河中為它找到另一個定位，也讓眷村文化保存與觀光同時並進，開啟眷村文化的另一新里程。

漠

圖.文/沈淩

東風已遠
湛藍迷途在秋裡飄盪
我已然退盡一身繁華
用蒼茫填寫生命底低迴

是太早遺忘了陽光和煦
總捨午夜似水清涼
誤入季末寒慄底風霜

煨不出一心溫情
仍孤傲地展一雙翼
隱匿那早來底滄桑

澎湖將軍嶼

秋已臨，澎湖離島將軍嶼上的頹壁與枯枝，寫盡季節底滄桑，為海中島嶼的孤寂之美再添一筆。

老屋春意

圖.文/沈淩

屋內已晦暗無比
當人去樓空數十年
承載歲日記憶底
高牆　終於頹落
當陽光撫觸那

暗室的翹首
原以為死沈的古鄉
竟然生氣蓬勃
久違的陽光啊
我是陌生新奇
伸首視探
才將春意 洩漏人間

澎湖通樑的古厝已人去樓空，屋內的生命卻盎然而生，銀合歡翹首偷日，洩漏厝內蓬勃活力底春意。

曲徑

圖.文/沈淩

失落在異季底春泥

拾級而上
在山林的曲折小徑
風聲早把季節寫成一首歌

這雙路我們一起走過
那年夏季落雨中嘻笑狂奔
夾雜著狗尾草
恣意著生命的喜悅
和窘寐中驚醒底紫牽牛

這階
初潤過三月甘霖之光華
足印仍清晰出
雜落深刻的紋路
和不忍離去

夢中的海
其實在那路的盡頭 山的高處
那一闋澄藍交奏著崖壁的樂曲
靜守著這島嶼的孤寂
與風中野菊底
阿諛

澎湖風櫃蛇頭山有著輝煌的戰史，沿著木道拾級而上，海天無垠的視野讓視衷心寬。這憂，便隨風揚去。

林明勇

生命如花籃　在歌聲中燦爛

三立電視台歌唱紅人榜澎湖歌王林明勇

Ling

　　101年8月18日，三立電視台超級紅人榜歌唱選秀節目，配合菊島音樂海灘節，在嵵裡沙灘舉辦澎湖地區海選決選。

　　當日，二十位從近兩百位參賽者脫穎而出的決賽者與爭相到場觀賽的澎湖地區民眾，將平日夜間人煙少至的嵵裡沙灘，擠得水洩不通。此次海選，參賽者除了澎湖地區各路好歌喉的唱將齊聚之外，來自台灣，特別報名澎湖場海選的高手亦不在少數。

　　林明勇這個名字開始在澎湖傳開，就是因這次比賽。他過關斬將獲得代表澎湖地區赴台北參賽，更獲得挑戰衛冕權，從此他的名號便在澎湖廣為人知。

歷經波折的案山‧戶戶緊繫的鄉情

林明勇於民國56年出生在澎湖馬公的案山里。

談起案山這個村落，很多人第一個想到的應該是擺攤40幾年，只在冬季下午兩點開始營業，且賣完就收攤卻仍常大排長龍的阿婆炸粿。

其實案山的原址並非現地，而是在目前的軍事重地測天島。

這個延伸出海的半島地形，早在明末清初已有居民在這個地方居住，它的

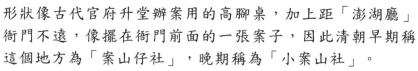

形狀像古代官府升堂辦案用的高腳桌，加上距「澎湖廳」衙門不遠，像擺在衙門前面的一張案子，因此清朝早期稱這個地方為「案山仔社」，晚期稱為「小案山社」。

案山原址測天島附近海域，右側受風櫃半島的長臂包覆，左側則受金龍頭護衛，不但港灣避風，附近海域也少起風浪，一年四季漁船都能出海作業，當地的海域丁香及鱙仔魚產量豐富，因此先民全以捕魚為業。

「案山仔社」島以南的外港，在當時也是三桅帆船進出台灣必經要港，船隻為避免互撞夜晚皆升火燃燈。另外在漁汛期間捕魚船隻多篝火作業，沿海漁火點點，船燈與倒影互相輝映，在漆黑晦黯的海上成為一種醒目的美景，因此在一八九六年以前，「案山漁火」是澎湖舊八景之一，為澎湖夜間海景的一大特色。

然這樣的美景卻在一場奪地戰爭後成為回憶。

1895年甲午戰爭清朝戰敗，將臺灣、澎湖群島割讓給日本帝國，隔年（光緒廿二年）日本政府便規劃在小案

山社闢建軍港（澎湖海軍要港部），強制居民遷移，「小案山社」的居民被遷至目前案山社區現址。從此，日本人稱村落現址為「大案山」，村落原址軍事港區的範圍稱為「小案山」，後來正式更名為測天島，小案山之名正式走入歷史。

被日本海軍強制遷到新地的「小案山社」居民，初期在這個荒蕪的野草地，只能搭建草寮躲避風雨，受盡風霜。另外從有良港且漁獲豐盛，生活安適的地方，遷至附近海域幾為淺坪潮間帶的大案山，謀生不易生活頓失依靠，著實過了一段苦不堪言的艱辛歲月。

直至日本「澎湖列島行政府」長官（類似現在的縣長）田中綱常規劃建村後，才讓案山人再次有了安穩的落腳之處。

田中綱常規劃的案山里，聚落成形很特殊，格局方正整齊，房子的排列如軍隊分列式一般整齊，與澎湖早期村落為防避海盜，村內的路形狹小且曲蜒若蛇大不相同。

「那邊房子的建築屬於棋盤式，街道很整齊，住在哪一家哪一號一下子就看得出來。」林明勇說起自小成長的地方，瞭若指掌。

說案山這個地方，是澎湖第一個經過整體規劃的集結社區亦不為過。他們沒有鄉下房宅慣有的前庭後院，房舍一家捱著一家，門前3米寬的巷道，是所有家庭的活動空間。

夏日的清晨旭日東昇，自家住宅的屋影遮去烈陽；下午烈日西斜，前排房舍的蔭涼影子又正好遮蔭了整條長巷，幾乎終日有蔭的巷弄便孕育了人生百態。

老一輩居民習慣在門口的空地挑揀菜葉或做手工，

阿公坐著板凳斜倚在大門框側，滿足地看著一群孩子們從這頭到那頭嬉戲跑跳。從巷子頭到巷子尾，人們只要在自家門口就可以閒話家常。風從巷外一陣陣地吹進來，拂在每一張充滿笑意的臉上，這門前的巷道似乎就是案山人生活中最舒適的工作區和遊戲場。

「有時候我們連吃飯都在門口吃。」林明勇說完哈哈大笑。

黃昏時，在外工作的家人紛紛返家，整條巷子更顯熱鬧。晚餐時間一到，許多家庭搬出一張張小桌子，就在門口「露天」晚餐。一整條巷子的人都在門口吃飯，這聽來似乎是奇談，但對好不容易才又安定下來的案山人來說，卻是人生中最美麗的享受與回味。

生活是如此貼近又相連，村人的情感便在一戶捱一戶的緊繫中，連結出如家人般的情誼。

中正的松柏長青／共同的求學記憶

身為長子的林明勇下有一個弟弟兩個妹妹，父親是海二廠的員工，母親是全職的家庭主婦。

他遺傳父親嚴肅拘謹的形象，就連長相都如出一轍。

初次見到林明勇的人都會認為這個人「不可親近」，那張不笑時可以與包青天比黑的臉，令人望而生怯，但他自詡如唱紅「我很醜可是我很溫柔」的趙傳一般，有著與外表完全不同的內心，他說自己「外表嚴謹但內心溫柔」。

談起父子會有如此相同的外在形象，或與兩人的職業有很大的關係。

父親林百世在澎湖海軍第二造船廠擔任技工，在軍

區工作本得嚴謹行事，因此養成他不苟言笑的個性。

　　林明勇受父親影響頗深，未曾深入相處的人都認為他是拘謹不苟，一個很難親近的人，後來投考軍校或與父親的影響有關。

　　外表嚴肅的人與歌唱的輕鬆娛樂，似乎是兩種迥然不同的性格，莫非他的細胞裡早已存在著這樣的因子，抑或他的成長環境裡每有「歌舞昇平」？

　　林明勇成長的年代社會風氣還是有些封閉，一般民眾平時很少唱歌，當年並沒有卡拉ok這種設備以及店家，除了合唱團團員，很少有機會唱歌。

　　他的父親雖然喜歡聽歌，但不太會唱，之所以接觸歌唱是在中山國小高年級時，被老師選中參加合唱團。

　　位於澎湖海軍醫院右後側的中山國小，當年學區有自勉、海光、前寮、案山這幾個村落，學生人數不少。林明勇歌聲不錯常被老師點名上台表演，雖然唱的是一般學校教授的歌曲，也能顯示出從小的歌聲就受到肯定與青睞。

　　升上中正國中他依然成為合唱團的一員，常代表學校參加各種比賽。這兩個階段的合唱比賽奠定了林明勇對歌唱的興趣。

　　他覺得參加合唱團「除了成就感之外還有榮譽感」。

　　一開始被遴選上時，榮耀開始產生，經過一段時間的練習，再次篩選可以正式接受訓練的團員，被留下來的便對自己更具信心。

　　但合唱團的訓練也相當辛苦，晨讀時間、升旗時間，甚至放學後及假日，都得緊縮更多的讀書時間和犧牲與同儕玩樂的機會參與訓練。

林明勇

但是榮譽感的優越心裡，讓參加合唱團的孩子願意放棄嬉戲參加練習。

經過長時間的訓練，團員們熟知曲目及歌唱技巧後便代表團體或學校參加比賽，這時團隊的向心力及榮譽感日益高張，如果再榮幸獲得名次，那種「榮譽在我心裡我就不怕風浪」的成就感便油然而生，完成忘卻了訓練的辛苦。

筆者與阿勇同屬中正國中學區，屆數僅差兩屆，在校時間有交疊的部分，談起當年求學生活許多記憶同時浮現，如同曾經攜手奔馳校園、虛心受教的同儕一般。

中正國中校址位於馬公通往機場要道，石泉的地界。當年學校大門就在204號道上面朝南方，向西的側門面對的是空曠的野地，平時除了幾隻定索的黃牛，杳無人煙。雖然目前大門已廢除成一長排的矮牆，工藝教

室旁的側門已取代大門成為唯一入
校的進出口，那牌樓式建築，高聳
的大門影像仍深植當年在此求學多
年的學生腦海。

這所學校臨路有廣大的操場，
教室區的環境綠意盎然，廣植的綠
樹整齊地修剪成矮樹牆，區隔出花

圃與逾八米寬的柏油通行道區，花圃內靠近矮樹牆的部
分植有高近兩樓的翠綠松柏，株與株之間間隔一致，即
便在乾黃的澎湖冬季，也長青怡人，成為校區的美麗標
誌，是少有林木的澎湖難得一見的高大巨綠。

校區的最尾端圖書館左後側，穿過泥土地面，兩層樓
式的建築內設有廚房，平時全校師生的便當都在這裡蒸
熱，住宿生的三餐也由廚房準備，另一邊是下課後人潮擁
擠的福利社，二樓規劃了澎湖地區離島學生的宿舍。

談起中正國中這個學校的特殊點還真的不能不談到
這離島學生的宿舍。除了馬公地區的虎井、桶盤兩島，
白沙的大倉島、望安的花嶼島這些地方國小應屆畢業生
都會到這裡就讀，住的便是這棟建築簡單的校舍。

住宿生定時晨起與夜眠，晚餐過後固定晚自習時
間，生活起居都在這裡進行，每周六早上上完課才各自
搭船回家，冬季風浪太大時甚至久久才能返家一次。

阿勇記得升旗典禮前，每個班級要在各自教室前整
隊集合，不管教室是在一樓、二樓或三樓，升旗準備時
間一到，所有的學生魚貫走出教室，整好隊伍開始朝操
場方向一班班走去，過程中各班得沿路唱軍歌答數，踩
著精神抖擻的腳步，穿過樹高近兩層樓的松柏大道，直

往操場。

三個年級近二十班的規模，全數軍歌進行，歌聲確實「響徹雲霄」，每一個班級都拿出最強盛的氣勢，聲音要大得足以壓過其他班級是團隊努力的共識，聲音不夠宏亮的將被淹沒在嘹亮的歌浪中，這場無排名、無獎盃全賴團體榮譽心的團隊競技，軟弱的班級將消失於其他向心力強的洪流，輸的其實是整個團體的心，而這心是輸不起的，一旦輸了鬥志隨之杳然。

這樣的軍歌進行式，也提振了學生一早的精神，著實有助於接下來上課時的專心度與集中度，有大益而無小害，比起公式般的「早操」助益更大。

談起相同的記憶，也有相同的經驗，阿勇當年為軍歌開唱的發音人，「邁開雄健地步伐、邁開雄健地步伐，一二、一二----預備--唱」，那記憶在深河中流淌，彷彿開啟年少青澀的記憶，激起彼此的共同感與共鳴點，話題便輕鬆且自然。

學生專車樂趣多　念念不忘韭菜盒

中正國中的學區，早年涵蓋的是馬公市市郊的幾個里。在林明勇就讀的民國六十幾年尾至七十幾年初的這段時間裡，則有烏崁、興仁、菜園、石泉、前寮、自勉、海光(目前這兩村已不存在)、案山、東文、東衛、安宅等11個里。

　　學區廣大，較遠村里的學生便有公共車船管理處派車於上下課時間接送，除了烏崁，案山、自勉與海光同時也有學生專車可乘，看在也地處遙遠，每天得行走約莫半個小時，行經兩側土地，幾乎荒蕪沒有人煙的長路，才能到校的興仁里學生眼裡是極其羨慕。

　　印象深刻的是從興仁到中正國中這段路程，除了馬路南邊水泥牆高築的營區，就是北側隱在丘地裡的砲兵台。在土地覆蓋率不高，東北季風強勁的冬季，總得逆著風，忍著狂沙擊膚的痛楚徒步到校。

　　求學時沒有「颱風假」這種風災來臨前的安全權宜，除了上學前風雨已銳不可擋，常是在課程進行中途，發現風雨欲來或已是強風臨境，方才緊急放學。

民國66年的澎湖公車票，珍貴是記錄著因設烏崁海水淡化廠而消失的污泥站 /林連守提供

　　印象相當深刻的是一次風雨已臨，傾盆而下且狂風肆虐的午後，學校播音系統傳來訓導主任的廣播聲：「因颱風登陸，全校緊急放學。」

　　所有學生背起書包連路隊都來不及排，便急奔校外，尚未出校門口已全身濕漉，形狀悲慘。幸運的是班上的活寶西瓜平（現任興仁里里長王太平）和黑貓（現任職於澎湖縣政府消防局的蔡順孝先生），「臉皮夠厚」地攔下一部軍方的吉普車，讓幾位女同學不必承

受沿途風擊雨殘的危險，也讓人深刻體會軍愛民的真誠。

那年頭很多家長連腳踏車都沒有，孩子上下學完全靠自己的腳力，若臨時病痛也無法接送孩子，全賴學校裡有摩托車的老師送回家裡，因此對

林明勇他們有專車可以乘坐到校只能說「忌妒！忌妒！」。

阿勇並不知道自己當年坐專車竟引來許多羨慕的眼光，但對「坐專車」的樂趣倒是記憶深刻。

當年作坐專車的孩子都要購買「月票」，一張月票印著這個月上下學乘坐的格數，有些學生月初就把月票給弄丟了，只能花錢重買，或者想其他的辦法上學。

一早所有村內的學生陸續來到候車牌候車，這段時間也是大家聯繫情感最緊密的時刻，許多同學打打鬧鬧地無憂無慮，專車來到大家陸續登車，車掌小姐以手持型的打洞器，將每個人手中的月票剪掉一格，一個月過後格數全空，便再換購下個月的月票。

「那時候我們一上車就把中午的便當給吃掉了。」林明勇笑著說，豐腴的臉頰將眼尾擠出一橫橫皺摺。

發育中的孩子果真食量驚人，讓人懷疑在一整天的學習過程中，如何撐過這到下午五點之後才有晚餐的日子。

原來有零用錢的孩子，便利用販賣麵包與零食的福

利社，在內飽餐一頓。

　　阿勇非常記得福利社裡，那位和人稱「老昌」先生的訓導主任老公一樣愛扮「黑臉」的老闆娘

　　談起「老昌」夫人的韭菜盒，在她短暫販售的那幾年，可以說是中正國中福利社裡的大招牌。翠綠的韭菜和冬粉內餡，被半圓形的麵粉皮緊緊包覆，放入高溫的油鍋炸過，金黃色的外皮光用目視就能感覺出它的酥脆，尤其是油炸的香氣，更是強勢地擄獲這群飢腸轆轆的國中生。

　　在方圓幾百公尺內除校後的一間小民宅，鄰近沒有任何屋舍的中正國中，少數學生有錢也無處可花。「老昌」夫人的韭菜盒，就成了當年唯一令人迷戀的美食。

　　每天上午第二節下課也正是出爐的時間，常常一個十塊錢的韭菜盒，不消十分鐘便被搶購一空，教室較遠或因「腿短」無法捷足先登的同學，常「含恨扼腕」，僅能任餘留的香氣肆無忌憚地竄入鼻間，卻無法一飽口腹之慾。

　　談起這「老昌夫人牌韭菜盒」，錄音室似乎也漫進了那樣的香氣，令人回味無窮。

　　這是有零用錢的孩子可以再度飽餐的方法，而沒有

零用錢的孩子呢？

　　「只有在同學的便當上打主意了！」

　　哈哈！他話語一出，便讓人明瞭當年我那特殊的圓型便當盒，為何不管用甚麼方式緊繫提耳，被抬回教室時總是

少了一些美食，開著天光見人了！

馬公高中畢業林明勇報考中正理工學院，但父親並不贊同他的決定。

那年是民國74年，整個軍事備戰氛圍仍然不弱，強健的體魄是軍人保家衛民不可或缺的元素，體力的操練佔有相當大的部分，而出操無所謂合不合理或人不人道，當時的訓兵理念若講求人道，便訓練不出可以成為人民後盾的優秀軍人。

時代背景讓當年從軍的男孩備受辛苦，但因為等同經歷嚴格的訓練與篩選，退伍後大都能成為一般民眾心中的「真男人」。

並不輕鬆的軍職生涯讓許多人望而怯步，在加上「好男不當兵、好鐵不打釘」的時代社會觀感，大多是家庭經濟欠佳，無法承擔繼續升學壓力的孩子才報考軍校。

長年在營區工作的林爸爸每天眼見阿兵哥不停地操練，不捨長子將受軍服的束縛與嚴屬的考驗，數度要林明勇報考一般大學，不准他去註冊。

於是林明勇休息一年，隻身到台中榮總照顧深受攝護腺癌之苦的爺爺。

隔年爺爺離世，於是再度參加升學考試，這次的結果顯示他與軍職的緣份並不疏淺，林

明勇考上國防醫學院專修科公共衛生系。

即便父親還是反對，但同儕的影響力不容小覷，周邊的同學都報考軍校，中正理工學院、國防管理學院、國防醫學院、陸軍官校……這些學校似乎是許多同學的首選。林明勇自己也覺得軍校學成後未來是形同擁有鐵飯碗，是一個相當不錯的選擇。

經過多次溝通，父親終於同意。

醫學院的學科並不如一般科系，專業科目的書本幾乎都是原文，專有名詞多如牛毛，因此每個學生身旁絕對有好幾本專業字典，更為嚴格的是只要有一個科目不及格便要留級重讀。就讀軍校與一般學校不同的是求學過程皆為公費支出，若半途而廢得賠償國家的栽培損失。

70年代每個家庭都只夠吃穿，難有多餘的錢可以大筆存款，如果讀不下去肯定沒錢可以賠。因此雖然辛苦，林明勇也咬牙硬撐。

求學過程中讓林明勇印象最深刻的是上解剖學的課程，尤其是第一次進解剖室，讓當時未滿20歲的林明勇頭皮發麻。

當教授打開解剖室大門，福馬林的味道伴隨著一股陰寒之氣立刻衝鼻而入，所有學生瑟瑟縮縮地隨老師進入晦暗的解剖室，平日活潑好動的孩子頓時鴉雀無聲，緊縮的肩膀帶出緊張的氣氛。

林明勇眼睛斜瞄四周，一個幾乎不及一根手指長的嬰

兒胚胎映入眼簾，一個驚嚇猛烈抬頭，才發現牆上櫃子裡擺滿了一罐罐的玻璃瓶，裡面用福馬林泡著各種人體器官，及嬰兒胚胎，初次接觸這種情景的林明勇不僅汗毛直豎，還全身起雞皮疙瘩。

更為驚人的是36具不鏽鋼棺木整齊地排列在解剖室，老師不慌不忙地掀開其中一具棺木，打開裡面的尼龍袋露出一具已解剖完成的大體。

他指著其中的筋脈一一介紹，動脈靜脈也不曾遺漏。接著抓起一顆心臟，仔細地解說他的構造及功能，順勢而下地講授各個器官在人體中正確的位置及功能，沉穩而自然。

但這堂解剖室初體驗的課程，許多同學是在「寒氣逼人」的心理作用中懵懂地上完，多次體驗後也漸漸不再驚懼，且對大體老師的付出都抱持著敬佩與感恩之心。

有時，他們也會從解剖室抱回一大桶還黏著乾硬肌肉的人骨，以便在寢室裡一起研究骨骼的部位及類型。

看似簡單的206塊人骨學問還真大，要把它拼湊成具體人形還不是這群初入醫門的孩子能夠達到的任務。

雖說尊敬大體老師，但篤信各種宗教的一群學生在研究人體種種的實際課程，仍不免心中微毛，因此請回「骨骼」前，一定要到香紙店買好銀紙與清香恭敬祭拜，感謝大體老師大愛付出，也祈求陰間魂魄不要纏繞。

國防醫學院畢業之後分發到全國的各部隊擔任隊內的醫官，防務部的醫官的工作是幫軍人看病診斷、打針、開藥，與一般醫師的工作差不了多少。

　　林明勇先在台中工作一年，80年調回澎湖先後在菜園營區、光明營區(目前已改建為龍行新城)任職。

　　擔任排長過程中發生一件憾事。在一個農曆過年期間，他輪值值星官，吹哨召集晚點名，卻獨缺一些人。一名輪值守位的二等兵提著站哨的佩槍，到另一個工作區召喚同袍到隊報到，等待的時間一分一秒過去，碰!的一大聲槍響，所有的人都誤以為那是臨近社區慶祝年節的鞭炮聲，不多時卻傳來士兵自殺的消息。

　　焦急的林明勇緊急奔至現場，剛才還身形硬挺的衛兵倒臥血泊中，步槍前端的防火帽直直刺入下顎，子彈繞彈貫穿頭顱，讓鐵製鋼盔出現數個洞孔。

　　慘不忍睹的景象嚇壞一群剛入伍的小兵，林明勇當即指揮連上的救護車連人帶槍送往國軍811醫院(目前的三總澎湖分院)卻已回天乏術。

　　當日值勤的林明勇在低沉的心情中卻也遭連帶記過處分。

　　回澎5年任期結束，很多同期同學都繼續簽約，或者轉考醫學系插班考試，但林明勇只想給自己休息一段時間，並無其他規劃，民國83年，30歲不到的他直接辦理退休，時任衛生連連長。

國防特考監管員　監獄一待二十載

　　退休隔年，閒晃了一年的林明勇才驚覺自己還是需要一份穩定的工作，於是報考國防特考。

　　國防特考相當於普考，林明勇報考的是監獄組，分

發到高雄監獄擔任管理員，在高雄工作期間他認識了住在屏東的太太，三十幾歲走入婚姻，在高雄監獄任職一年多，他帶著妻子轉調澎湖監獄，一做近20年。

比較大型的監獄牢舍一般分為三級。一級牢舍正面全數為鋼桿，二級則以人立姿，自胸部以上高度為鋼桿，三級最有隱私性，除了一小面鐵窗，其餘皆為水泥建築。三級分類主要是便於管理，也可觀視囚犯動態以保秩序與安全。

除了比較特殊的雙人監，大部分為約六坪大小的牢舍，容納八至十名獄囚與小小的衛浴空間。

每個人不到一坪的生活空間讓獄友間很容易引起衝突，但也因為親近相處，有時也建立彼此間深重的情誼。

監獄中繪聲繪影的靈異事件非常多，林明勇並未目睹傳說中的鬼魂。

「倒是碰過一次俗稱『鬼壓床』的經驗。」林明勇淡淡地說。

監獄管理員通常一次上班24小時再休假24小時，夜間值班時間每人輪值3小時。

有一次夜間值勤，輪值時間將到，在休息室小寐的林明勇，寐寐中隱約夢到一團黑物穿牆而入，驚醒後準備起身與對值的同事換勤，卻發現全身動彈不得。

他睜開雙眼，同事們都已著裝準備出勤，林明勇相當清醒急得開口求救，喉嚨裡卻發不出一絲聲音，極力想掙脫這無形的束縛。但不管如何使盡力氣身體依然僵硬如屍，唯一可動的是他的雙眼。他心中想著「這該不會是鬼壓床吧?」，瞬間一股寒意自心中升起，冷涼了林

明勇的背脊。

　　環顧四周除了正在著裝的同事，並無其他異相，他努力地用雙眼向同袍求救，似乎沒有人注意到林明勇的異狀，直至一位同事忽然走過來，若無其事地用力拍了一下他的大腿說「阿勇！該起來了！」林明勇方才有如被釋放的囚者，頓時恢復了行動自由。

　　澎湖監獄內的罪犯大都是屬於刑期較輕的罪犯，如竊盜、走私等，最大宗的是煙毒犯。

　　煙毒犯初送到獄的第一個月戒斷症狀會間歇發生，比較嚴重的，獄方會以救護車送至醫院精神科診治。通常數個月不接觸毒品，戒斷症狀便會消失。

　　「有些菸毒犯在獄中一關數年，毒癮不曾再發作過。」

　　只是煙毒犯回籠的機率相當高，出獄後若仍接觸原來的環境很容易再吸毒，足見環境對人的影響之大。

　　澎監囚禁的受刑人刑期較輕，因此在管理工作上也比較單純。大都以技藝訓練為主，設有工場提供石雕、彩繪、砂畫、木工、籐編、烘焙等技藝訓練班及生產線，也輔導種菜、養殖雞鴨等農作，不但讓受刑人可以因為自己的努力付出得到部分的勞作金，也為受刑人培養出諸多出獄後能夠融入社會更生的謀生技能。

　　這方面澎湖監獄的成效非凡，許多受刑人在這裡學得的技能比美社會上一般的藝術創作者，作品栩栩如生更創意非凡。

　　比如澎監受刑人的石雕、沙畫等作品在全省各地都受到熱烈的歡迎，許多人納為收藏品，許多單位甚至作為致贈貴賓的禮物；澎監出產的家禽是澎湖地區居民的

最愛，安全又有放山雞的勁味；澎監的衣物洗滌服務價廉且專業。

受刑人在各個技藝學習場工作一整天，下午五時三十分準時收風回舍房，一千八百餘員分幾個區域入舍，監獄管理員一一搜身檢查是否夾帶違禁品。

「最常夾帶的是煙和毒品，內褲、保溫杯的底座都有可能夾藏。」林明勇對受刑人的小動作似乎相當清楚。

即便在馬英九擔任法務部長時期，已開放在舍房外分配定數香菸給受刑人，但收風後回舍，漫漫長夜對菸癮重的人仍難以忍耐，因此有些人想盡辦法夾帶。

曾有獄方查獲在信封郵票下及雞骨頭內夾帶毒品粉末的例子，無孔不入的滲透著實令人吃驚。

監獄與軍職的管理對象不同，一是阿兵哥、一是受刑人，但基本的質卻差不多，都很權威存在著嚴肅的氣氛，也塑造了林明勇嚴肅的形象。

他自認不會把軍職與監所工作的情緒帶回家，有的也只是外在給人的剛直感覺。

只是社會變遷，當前軍隊與監獄受刑人的管理方式也有了轉變。

軍隊的出操已重視人性化，軍人受訓時的體力負擔已不如往年；而監獄受刑人的管理也不再以權威式的抽打，現在比較注重人權。

但監獄的職務因為升遷管道少，工作生活環境封閉，許多監獄管理員常自嘲自己「被

關」了多久的時間，因此很大部分的人，請調到其他單位，湖西鄉公所是最大宗，因此素有「澎湖二監」之戲稱，其次就是馬公市公所。

102年8月，林明勇也請調到馬公市公所接任市場管理所所長。

參賽歌唱紅人榜 人生難得好歷練

林明勇是101年三立電視台歌唱紅人榜澎湖海選，代表澎湖地區到電視台攝影棚，與當時的衛冕者葉諾凡挑戰衛冕權的參賽者，也因這一戰而成名，畢竟在澎湖打敗來自全省各地的歌唱好手已屬不易，再至完全陌生的電視台錄影打敗其他好手，取得挑戰衛冕權更是難得，這一戰的名聲遠揚是林明勇應得。

他的嗓音低沉渾厚，屬於中低音階，唱起軍歌來還真適合，他覺得自己的音質來自於天生，除了國中、小參加合唱團，高中以後的求學時期，課業壓力大少有機會唱歌，到了軍校除了軍歌，與歌唱完全脫節。

開始再與歌唱接軌是在任職澎湖監獄後，偶而到卡啦OK歡唱，越唱就越有心得，在法務部每年度舉辦的歌唱比賽，他鼓起勇氣去報名，這是他參加歌唱比賽的初體驗，自此他的興趣再度燃起，開始參加大大小小的歌唱比賽。

法務部的歌唱比賽，通常在各區賽完後再進行總決賽；而在澎湖，端午節、元宵節或中秋節等各

地方舉辦的歌唱比賽，林明勇都會報名參賽，這些大大小小的比賽為他累積了不少舞台上的經驗，也幾乎都曾獲獎。

他覺得參加比賽沒有絕對性的事：「這次獲得第一名，下次參加另一個比賽卻未必會得名。」

但好歌聲不會被隱藏，澎湖許多歌唱團體都試圖拉攏他，尤其是成員年齡以中年人為主的歌唱藝能推廣協會更積極示好，初期成立時便透過介紹，希望他成為會中一員，但林明勇考慮自己時間的配合性並未加入。

直至101年，他參加澎湖菁英齊聚一堂的沙港廣聖殿歌唱比賽，比賽競爭頗激烈，兩天的初賽結束，20個好手爭取最後獎金，林明勇獲得第3名。

協會再次鎖定這次比賽獲獎的歐連通、林明勇、程廣文、蔣國臣等並開始力邀，除了寄發邀請卡讓這些成員參加協會的活動，藉此拉近距離，也期待能讓這些人了解協會的運作。

禁不住力邀，林明勇投入這個以歌唱表演為主要宗旨的團體，開始在澎湖的歌唱表演工作。也因為這次比賽名列前茅歌者的加入，讓這個原本沒沒無名的協會陣容更堅強，名氣頓然響亮。

舞台，常常是能力累積的地方，歌聲不錯的人若私下練習，可能演唱技巧可以純熟，歌聲可以很動人，但終究是孤芳自賞的成分居多，無法讓更多人欣賞美音。

但上台表演除了音色音質，台風以及整體情緒的培

養等都要更加注意，需要多方面能力養成，其臨場經驗迴異於私下練習，因此能夠累積出更多能力。

　　林明勇這個時候加入應已是天時地利人和，雖然比賽機會少了，但表演的歷練機會卻增多，讓他能為下一次的進場儲備更多能力。

　　101年7月29日，三立電視台超級紅人榜歌唱選秀節目，於馬公市公所禮堂舉辦澎湖地區海選初選賽。

　　這年擔任澎湖監獄管理員的林明勇年方四十五，但已有多次比賽和演唱的經驗。他和蔣國臣，歐連通、同事程廣文這四個被協會喻為四大天王的歌唱好手，已經事先就將資料寄至三立公司報名，當天他們也同時報名參加南台灣大高雄歌唱比賽。

　　因為是首次跨海來澎海選，當天120幾個參賽者以及觀眾，將馬公市公所三樓禮堂擠得水洩不通，參賽年齡從最小的十一歲小妹妹，到六十歲仍寶刀未老的薛春櫻，差距相當大。除了市公所及三立電視台的工作人員，為此次海選戮力以赴，名歌手詹雅雯等人都到現場參與評分。，

　　報名海選的參賽者並非全然是澎湖人，許多台灣地區的歌唱好手特別報名參加，這些外地參賽的歌手與本地參賽者，形成海選過程最激烈、最緊張刺激的觸動點，雖然讓澎湖人民一飽耳福，但相對的也讓比賽競爭更為激烈。

　　首場初賽採清唱方式，音質、音量不夠好的人便被刷下，林明勇

林明勇

與程廣文順利進入僅取20名的決選。

只是這比賽過程的插曲，讓他們的海選經驗多添一椿珍貴的回憶。

當日有兩場歌唱比賽同時舉行，一在高雄，一在澎湖，相隔海的兩地，除非飛機的航班恰好配合，一定得放棄一邊的參賽。

因此在高雄唱完初選，等不及公佈結果便得放棄續

賽，回到澎湖時剛好來得及參加比賽。

那一天的初賽，有許多人也在期待林明勇上台。

市公所同仁有好幾位是從澎湖監獄請調過來的，他們都知道監獄有兩位歌聲非常動人的主任管理員，那就是林明勇與程廣文。許多人都在期待美聲趕快出現，因為初賽的現場層次參差不齊，缺少實力者上台演唱，雖能自得其樂，但對聽眾而言無非是一種折磨，美聲出現當能賞心悅耳。

隔月盛暑，颱風氣流的雲氣帶來些許雨水滋潤，八月的澎湖晚風微涼與星空耀爍，將蒔裡沙灘綴出一季涼夏。為期三天的澎湖沙灘節，結合馬公市公所年度文化活動「大目舢舨船搖櫓比賽」，於17至19日在蒔裡沙灘與港口熱鬧展開。

白天，熱鬧滾滾的沙灘活動與搖櫓比賽如火如荼進

行；夜晚，美麗的星光沙灘中則進行熱鬧又優雅的音樂盛會，除了17及19兩日夜晚的開閉幕式，18日晚上進行的便是眾所矚目的歌唱紅人榜澎湖海選決賽。

這場複賽，依例由三立電視台歌唱紅人榜主持人于美人及蔡昌憲主持，評審團則有該節目的黃金陣容詹雅雯、許常德、曾心梅、荒山亮等跨海來澎。澎湖首次有電視台來島進行海選，主辦

單位之一，時任馬公市長的蘇崑雄，便希望藉由這樣個選拔活動，發覺澎湖地區的歌唱新秀，也讓本地熱衷歌唱表演的朋友，能有更大的展現機會。同時更希望藉由海選活動在電視台播出，把澎湖的美麗風景推銷出去。

這是有史以來蒔裡沙灘人潮最多的一次，除了二十位參賽者及親友團啦啦隊，許多為了一睹明星風采及參與菊島數十年來最大音樂盛事的觀眾，讓沙灘佈滿人群，燈光、星光，歌聲、海浪聲以及群眾熱情的吶喊，將澎南區的夜晚繪出一幅澎湖地區難得一見的澎湃熱情。

當天入圍的二十位歌者中，在澎湖監獄工作的就有兩位。時年45歲的林明勇被三立主持人于美人消遣「關進」監獄近二十年，所以當天演唱了「我問天」表達獄中心聲，時任典獄長的黃建裕親自帶隊觀戰，同事加上親朋好友來了近兩百位加油團，風趣的于美人再「威脅」評審團：「誰敢亂按紅燈看看！」言下之意是不可得罪了。

比賽成績出來，林明勇終以他渾厚且深具情感的嗓音奪得代表澎湖地區的挑戰權。

錄影當天，製作單位請來了設計師替每位參賽者打點髮型、造型及服裝，這是林明勇第二次接受造型師協助化妝，第一次是結婚時粉底修飾，這次化妝包含了眉影以及唇彩等都有，雖然簡單卻是他有生以來最「濃妝」的一次。

「參賽者、主持人及評審老師一字排座在後台的化妝間。我旁邊坐的就是白冰冰和曾心梅。」

看到很多明星林明勇覺得好奇與新鮮，找了機會與

他們聊了幾句，心中有點興奮的感覺。

　　錄影前慣例要先作演出前的彩排，演唱者跟專業樂隊老師們須先行配過兩遍，專業老師相當嚴屬，有問題便言詞糾正，彩排兩次後正式錄影，林明勇瞥起嘴說：「只配兩次，上台就要跟上樂隊老師的節奏，不合是你家的事。」

　　樂團配合與林明勇慣唱的卡拉OK差別很大，樂隊聲音一起，氣勢與音量震人，很少與樂團合作的人會受影響。

　　「重鼓聲讓我幾乎聽不到自己的聲音，抓不到下拍的時機。」

　　掛著燈光架的挑高攝影棚有幾層樓的高度，寬度如同巨大的廣場，樂隊、攝影器材與機械都比平日所見碩大，一個人站在偌大的舞台上，所有的燈光都打在你身上，攝影機也全以你為焦點，五個評審老師、幾百位觀眾眼睛直視著，忽然間覺得自己變得很渺小。

　　「這種壓力很大，其實我覺得自己蠻有勇氣敢站在那個台舞上。」

　　因為不熟悉與壓力，那次比賽他有一點搶拍。

　　但林明勇建議歌唱好手們都應該進攝影棚參賽，體驗一下那種壯大與慎重。

　　評審評分後，主持人依著分數的累進一一唱數，88、89、90、91，觀眾朋友以為背對著分數排的參賽者看不到分數的起伏，林明勇也洩漏現場錄影的小祕密：「其實我們早知道，因為工作人員會在前面舉牌給參賽者看，因此背後的分數還在累數，參賽者早已知道輸贏。」

　　比賽結果林明勇以零點七分之差落敗給當時的衛冕者葉諾凡。

　　人生沒有百分之百的勝數，但參加歌唱紅人榜衛冕權爭奪賽已為林明勇原本只是興趣的歌唱人生，寫下一頁人生燦爛輝煌的新史。

黃昏海

圖.文/沈淩

漁每
噗！噗！噗！地
歡呼著晚歸
載一船夕色
也滑一航夕色
悠悠揚揚地
擺盪著浪底輕歌

腳印
沙！沙！沙！地
寥寫著孤獨
裝一心美麗如詩
也沐一身美麗成詩
輕輕柔柔地
偕無邊的湧動
攬住一季季昏黃

澎湖風櫃落日

風櫃位居澎湖本島澎南地區最尾端，素有「風櫃尾」的
稱號，它位居船舟進入馬公港的航道，昏黃的風櫃
海，夕日與歸舟相呼應，展現靜中有動的美麗景致。

沈淩詩卡021

回眸

圖.文/沈淩

黑暗離去
晨曦開始啟航
從微光中甦醒

一朵艷麗鮮黃
在緩緩升起的溫暖中
回眸

群綠簇擁妳綻放的身影
如同星辰愛慕圓月
期待盛開的欣喜
以慰久渴底心

阡陌盡處
豁然遇見你淺笑回眸
攝魂般地
抓攫狂情底雙眼
那心沉迷於你底美麗
不願離去
如同蜂蝶靜守期待
吸吮即將發醇出芬芳底
愛情

燦黃的仙人掌花，帶著澎湖島樸質的美麗，如同回眸淺笑的女子，每一搔首，都令人沉迷。

知秋

圖.文/沈淩

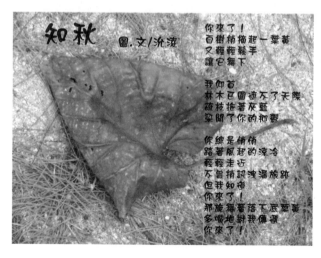

你來了！
百樹梢摘起一葉黃
又輕輕鬆手
讓它舞下

我仰首
林木已圍遮不了天際
疏枝拖著灰藍
梁開了你的抑鬱

你總是悄悄
踏著風起的淒冷
輕輕走近
不管楷認淺淺旅跡
但我知道
你來了！
那旋舞著落下底聲響
多嘰地對我傳源
你來了！

碧雲天、黃葉地……秋臨的林投公園寫著詩意，總把季節分明述盡。

從舞蹈至冷飲　奮鬥的心始終如一

謝易伶的歸鄉創業路

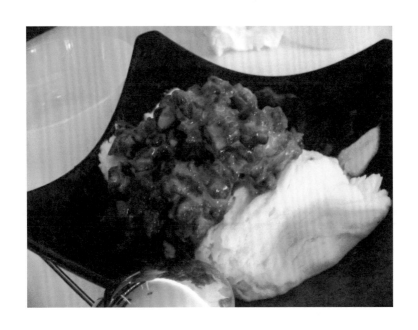

澎湖是一個好地方，離開過她的人每每憶念深深。

想她終日可以仰天長嘯的寬闊視野，想她在長風下如浪起伏底秋草，想她時而湧浪澎湃，時而緩步推沙的湛洋……

回鄉的人兒如鮭魚溯源，在血液中湧動著故鄉深情呼喚時，離家的孩子，便歸巢了！

住過故鄉以外的土地，更能感受故鄉的美好

70年次的謝易伶，長型的鵝蛋臉上圓杏大眼搭著深邃的五官，高高的額頭顯露自信與聰慧。面孔姣好、168公分高的修長身材，讓她常是舞台上最亮眼的明珠。

以30歲的年齡開始經營「飛凡舞蹈教室」，算是年少即得志。教室裡清一色的年輕團員與教師，呈現一股令人耳目一新的生命力。地方上每有大型活動，總能看見她領著一群帥哥辣妹，在舞台上散發熱力，為活動添加更讓人心沸騰的火力。

謝易伶從高中到現在唸澎科大研究所，就讀的都是觀光，但在澎湖，她卻是以教舞聞名。他的父親是來自高雄，軍人退伍，母親則是道地的澎湖人，很多人都以為父親是因為母親的緣故，才遷回澎湖，事實上情形正好相反。

「爸爸很愛海，尤其是看到澎湖的海洋，簡直熱力無法擋。」

於是婚後一年，父親硬拖著母親回澎定居。因為澎湖是妻子的原生地，易伶說：

「爸爸很幽默，他常自嘲自己『嫁來澎湖30幾年』。」

能不諱言地說自己嫁來澎湖的男人，足見他是多麼的「愛妻」、多麼懂得體貼妻子了。

另一方面也能看出這從高雄而來的男子，是如何珍

惜這塊他精挑細選的居地。

　　許多不是澎湖本地出生，或者曾經離開過這塊土地的人，要比長久住在這個地方，除了旅遊未曾易地而居的人更愛澎湖。因為他們在許多土地上走過，終於找到自己的最愛而移居，或者曾經因為求學、工作離鄉，而失去足踩故里那種人親土親的情感，因此更懂得珍惜這個地方。

　　如此評論並非認為長居本地的人不愛這片土地，只是因為生命中幾乎所有的時間都在這塊土地生活，太常擁有、太容易擁有會讓人習以為常。

　　用句最通俗的話就是「近廟欺神」，因為太親以致無能感受它異於他地的優勢，甚至可能會將它的缺點放大。

　　也或許他們也真的深深愛著孕育他成長的這塊土地，但就像夫妻相處，久了就以為會互相了解，互相意會，而不必表達甚或表現對它的深愛。

　　這是「情到深處反為薄」的深奧理論，所以便常因為疏忽而致「傷害」。

　　我曾經訪問過許多從台灣搬遷到澎湖定居的朋友，他們都是因為澎湖的美而來。

　　現任澎湖國家風景管理處處長，在許多觀光單位任職過的張隆城就曾說：「澎湖的海是台灣最美的海，甚至比許多國外以海灘聞名的地方更美。」

聽到這樣的說法讓易伶忍不住要插話。

「我曾經到屏東凱薩飯店工作過，一次假期，同事興奮地帶我去他們所謂的『祕密基地』。我們一路穿過長長的亂林小徑，走了很長的一段時間，來到一個人煙稀少的海灘。」易伶其實會意不過來已達「祕密基地」。

「『怎麼樣，美吧？』他們期待看見我欣喜的表情，但這海……與澎湖的海邊比起來，真的無法讓我產生驚喜。於是我拍拍他的肩膀說：『改天到澎湖來玩玩吧！』」

除了海洋，海鮮的品質也是澎湖最令人難忘的記憶。

謝易伶回憶：「原本我並不喜歡海鮮，因為在澎湖三餐都是海鮮，吃久了也膩了！直到我去台北工作，吃到台北的海鮮，才知道故鄉的海鮮有多美味、多新鮮。」

是啊！如果你住過故鄉以外的土地、吃過其他地方的海鮮，就更感受故鄉的美、故鄉的好。

就以一隻小小蝦仁為例，不但沒有澎湖草蝦的香甜與鮮味，脆脆的口感吃起來挺讓人不安，深怕是泡過化學物料的食品，而澎湖的蝦、螃蟹只要用乾鍋蒸就很美味，不用多餘調味料就能讓人食指大動。

求學走向就與「觀光」緊密接軌

謝易伶從小在澎湖長大，直到大學畢業，23歲時離

開家鄉在外闖蕩，遠赴高雄工作，這段工作期有兩年半的時間，後來又到台北三年，10年後回到澎湖。

她在熱鬧的馬公市長大，小時候對澎湖印象不深，因為爸媽原本只希望有一個孩子，對她期望也高，所以童年生活除了學校，就是在才藝教室度過。

「舉凡書法、寫作、鋼琴、舞蹈……才藝班都曾去補習

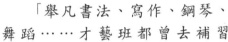

過，我4歲開始學舞蹈，父母希望培養多方興趣，再從最喜歡的地方去作發展，因此各方面都讓我嘗試。」

年代不同，讓成長環境迥異；而都市的生活與市郊確實頗有差異。

鄉村孩子的生活多在海邊、農地或「山埔」活動，工作就是他們最好玩的遊戲。

而易伶的生活顯然大不同了，但如此密集的課程當然也會累了媽媽。

那時擔任接送易伶上各個補習課程的「車伕」，除了媽媽還有外婆。當年澎湖的學校只有美術班沒有舞蹈班，謝易伶在小學一、二年級時停下學舞的腳步。

高中時期的謝易伶，選讀的是馬公高中觀光科。選觀光科並非出於興趣。國中剛畢業的孩子，要她以「興趣」為主向，選讀一個科系確實有些困難，出於對現實許多狀況的不解，也出於年齡尚稚，無法每個人都能正

確的定位自己的興趣到底在何方。

「以前沒想這麼多，當時正是叛逆期，選填這個科系甚至有點小賭氣。」

因為當時一般人認為觀光科的錄取成績較低，學生程度應該也比較差。事實上謝易伶的分數是可以登記普通科的，但她很想去台灣念書於是就任性地選擇觀光科。

「許多人誤以為進入普通科對未來的發展會比較好，有點想逃避大人們封閉的期望。」

教育體制對分數的迷思並非一日造成，中國古代就有科舉制度，要當官得要經過嚴格的考試，才有機會，多少人寒窗苦讀數十年，仍舊無法登仕。而近代我們仍承襲千百年前先人留下的科舉制度，公務人員的任用一樣得「科舉」。

國家用成績決定用人，又如何能要求學校、家長「不要太在意分數」。

雖然她意在賭氣，但父母卻很驕傲自己的孩子選擇了觀光科。

「我爸、媽希望我能留在澎湖，不管讀什麼科，只要留在澎湖就好。還到處炫耀我選擇了觀光科，哈！」父母的想法很單純，認為不用考大學又輕鬆，最重點

是─易伶不必離鄉了！

　　她的求學走向，從登記註冊為馬公高中第六屆觀光科學生開始，就與「觀光」緊密接軌了！

大學實習房務管理 體驗人生

　　「印象中高中、大學的校園生活，對往後進入社會很有幫助。就讀澎湖科技大學觀光系，當時真正相關科系升上來的不超過五位，在一、二年級時相當吃香，因為在高中就已接觸觀光科系相關的科目，包含日文等這些升學考試不考，所以普通科也不會教的科目，對觀光產業的特質也早有接觸，讀起來會比普通科升上來的學生容易進入狀況。」初期謝易伶讀來輕鬆。

　　提早接觸確實會讓人對這門功課得心應手，但技職教育旨在培養產業操作人才，對讀書方法的要求及傳授的深度就比較弱。

　　謝易伶也看出兩種教育體制培養出來的學生，讀書方法的不同：「唸了一兩年，你會發現許多學科分數，受普通高中教育的學生慢慢爬高，因為他們在高中時期的三年，都在練習讀書的技巧，且高職畢業的學生，在國、英、數等這些學科的投入度也不及普通科學生高，所以很快被迎頭趕上。」

　　也因如此，高職生升上大學之後，在這幾個主力科目追得非常辛苦。

　　雖然紙本考試的分數被快速追過，但技職教育在目前大專教育體制中也漸漸受到重視，許多學校紛紛與相關業界做產學合作，期待培養出畢業後擁有相關職業能

力的學生，而不是只一味地「會唸書」。

　　這樣的結合不僅學生、學校，甚至產業都是受高度期待的。

　　因為舊的學術殿堂教育模式，培養出來的學生讀了很多理論，卻無法付諸行動，畢業後進入社會，等於重新學習操作的部分，若能在求學期間便把進入職場的執行力培養好，便能馬上進入狀況，對勞、資雙方都是一件令人欣喜的好事。

　　「其實，高中觀光科的學生，二年級開始就有實務實習課程。我在高二時到高雄霖園飯店實習，也參加第一屆解說員培訓，高三便開始帶團當導遊，一做兩年多。當時離18歲還差幾個月，但是因為長相成熟，許多遊客好奇地問結婚沒？我還故意開玩笑說自己有三個小孩，看他們露出驚訝的表情，更覺得好玩。」

　　易伶有一張成熟的臉，雖然成熟不等於老態，可真的沒有人相信她未滿十八。也因為這張成熟的臉，她曾經在逛鞋店時，與老闆打賭，贏得了兩雙免費的真皮皮鞋。

　　我想，易伶的清秀臉龐在當導遊時是否會分了遊客的心，但美景配上美女導遊，定會讓來澎的遊客對澎湖留下更深刻又美麗的印象了！

　　最後沒持續做導遊工作，是因為每天重複同樣解說內容，讓求知慾旺盛，喜歡學習新事物的易伶有些倦怠。

　　「澎湖科技大學也很注重實際操作，觀光科就必須涉獵很多，舉凡攝影、潛水等都有實際課程教學。」

　　大學時期的實習，謝易伶選填了大家都直接跳過的

「房務管理員」。

　　「這個工作很辛苦，職業傷害很大。」

　　職業傷害？

　　不理解工作內容，讓人聯想不到這個工作會有怎樣
的職業傷害。」

　　但她感觸很多：「很多人瞧不起基層人員，但我們
外出旅遊時，住到一間乾淨的、讓你放心的房間，若不
是房務工作這種基層人員的心血，又怎能安睡一晚。」

　　至於讓人想不通的職業傷害，易伶也曾近距離接觸
過：「被單的塵蟎很多，常會造成呼吸道的疾病；鋪床
時，沉重的床墊長期舉抬，也會造成肌肉傷害，最嚴重
的莫過於化學洗劑。」

　　易伶認為：「大多數人沒想過房務員的辛酸，她曾
經一天要整理47間房間，有時為了求速度，趕在旅客進
房前完成所有房務清理工作，來不及戴防護用具，在清

洗衛浴設備、使用化學洗劑時即便只是被菜瓜布上的一點藥劑噴到，也會受傷。」那段時間她就被化學洗劑毀掉四、五件褲子，更遑論吸入性傷害以及皮膚接觸的侵蝕了。

「房務工作真的非常辛苦，接觸髒亂就算了！還充滿危險，且薪水又低。」但謝易伶喜歡嚐試各種不同形式的工作，也藉此體驗人生。

一頭栽進體適能的教學領域

國小一、二年級即放棄學舞的謝易伶，直到大學課後與同學去欣賞一場表演，才又開始接觸舞蹈。

那時體適能結合運動與舞蹈的模式，以及韻律舞轉有氧的形式，在整個台灣形成一股運動舞蹈的狂潮。

「一般舞蹈被認為妨礙人體的成長，因為它必須做各種不同的姿勢，有些甚至超過身體負荷的扭曲。且早期資訊並不發達，許多運動的動作反而對身體造成傷害。」謝易伶舉例說：「像以前做早操或暖身時常做的屈膝旋轉的這個動作，就非常有爭議性，因為人類的膝蓋只有彎曲與伸直這兩個動作，旋轉不符合它的運動模式，所以以前都教錯了！誤導了！」

資訊一直在更新，人類的知識庫也越來越豐富，若再與人體醫學理論結合，舞蹈不僅是一種讓人欣賞的高層藝術，同時也能達到運動與健身的功能。

只是有人運動1小時，但不見得有舞動10分鐘的效果；有人運動一小時，卻能消耗更多熱量。

因此，謝易伶再與舞蹈接觸，是「體適能」的牽引。

也因為欣賞那次的演出，她報名參加舞蹈班，重拾童年的記憶。

「一般舞蹈被認為違反身體工學,但現在改變作法可使學生做更安全的動作。」她發現「體適能領域包含運動傷害預防，生理機能的運用，不單純只是一種舞蹈演出，它不但注重運動效果、更預防傷害，也要了解肌肉骨骼的構造運作，讓事半功倍。」

對於局部減肥，體適能也能達到一定的效果：「依照人體各部門設計來計算熱量的消耗，讓單一肌肉的減降更有效率。所以運動前，一定要知道什麼動作對特定部位有鍛鍊功能，假設用力部位錯誤，只是白流汗沒有達到預期的效果。」

　　謝易伶再次接觸舞蹈，這時的舞蹈界剛好正在結合體適能特色延伸發展，讓舞蹈更親民，而不只是專業舞者才能從事的活動。

　　謝易伶報名學習才兩個月的時間，體適能師資檢測便開始報名。

　　「老師要我試試看，挑戰師資檢測。」

　　老師看到了她的實力與適合性，鼓勵報名。於是她一頭栽進體適能的教學領域，並重拾其他舞蹈相關技能，一教12年。

　　「那一次考照過程只有兩個人通過，我是其中一個，當時有很多資深舞蹈老師參加檢測，我因為是初學，每個動作都講解得很仔細，也盡量做得到位。」

　　因為這樣的戰戰兢兢，反而獲得評審青睞。

　　依據當時評審老師的說法是：有時候狹隘的想法會侷限學生的學習，師者不在於展現舞技的精湛，學生盲目跟從，反而會造成運動傷害，仔細地解說會讓學生也比較不會有挫折與自卑感。

　　「體適能的教學非常辛苦，要隨時注意每個學生的程度、體能來調整教學內容，更重要的是掌握氣氛，讓每位學生都能持續保持對舞蹈運動的興趣。」

　　因此，只要有初學者上課，謝易伶就得隨機應變地臨時修改課程內容，腦海裡總想著要有各種不同舞蹈動作的呈現，才能因應臨時需求。

　　愛跳舞的易伶，膝蓋也曾經因過度使用痛到無法行走,靠打止痛針才能下床,當時醫生建議膝蓋需要開刀,才能緩解疼痛。這對需要雙腳教舞及跳舞的她是相當大的震撼與打擊，直到遇見另一位醫生，提出因為肌肉不

夠強健會傷害關節，建議做長期復健，運用一個提腳的簡單動作，便有助預防退化性關節炎。

易伶在錄音室當場做起這個動作，幾個澎湖社區大學廣播電視製作班的學生在旁聽到，更是興緻高昂地跟著做起來。

「以坐姿就可以做，將腳往前伸，腳尖向上盡量內縮，然後抬起小腿至整腿懸空平直，你會發現膝蓋內側的彎曲部分正在使力，做到腳痠了再換另一隻腳。」

做了這個簡單的動作一段時間，膝痛未再復發，也不需要開刀了。可見「肌肉不夠強健會傷害關節」，確實是一個重要的常識。

於是，她將這個理念帶到日常生活中與每一堂課，竟也幫助到許多人。

她說「澎湖人愛吃藥打針，吃維骨力竟然全台居冠。」透過正確的運動方式，可以降低疾病及日常生活傷害的發生率「舞跳得好不好是其次，重要是用正確的觀念去教學，這是我比較想實現的理念。」

因為本身就是非常容易受傷的人，所以研發出適合自己、適合容易發生運動傷害的人，安全的、可以放心的運動舞蹈動作，普及大眾所需。

一般而言，身高較高的舞者，跳起舞來是有一定的辛苦度，168公分的謝易伶也有這樣的困難。

「是很辛苦，比如考拳擊有氧證照時，我抽到的是暖身題目，手長腳長的，讓我得非常用力才能做到一定的動作效果，但跳完整首歌，評審反而說動作輕柔的恰到好處，手腳長有點吃虧,做動作較費力，但因為伸展

時達到一定的程度，舞台效果也比較好。」

日子自然過　婚姻不強求

　　70年次，33足歲還沒結婚的年輕人應不算少數。

　　這些已屆適婚者有部分對自己成家的進度一點都不以為意，倒是父母可能鎮日羨慕鄰人抱孫樂，急跳跳的每每催促。

　　想必33歲的易伶也有這樣的困擾吧？是不婚，還是如人所言--現在的女孩子獨立了，眼光高了，很難找到適合的對象？

　　「現在不結婚的人很多。」謝易伶覺得自己的眼睛沒有長在頭頂上「我是那種很難長時間與人親密相處的個

性，爸爸媽媽婚姻相當幸福，不會要求我在這方面的進度，甚至希望我放慢腳步慢慢挑選，不要為了結婚而結婚。」

　　是否有結婚的衝動，其實與生活接觸也有很大的關係。比如說本來玩在一塊、工作在一起的朋友一個個走入婚姻了，可能想「婚」的意念就會比較高。

　　而謝易伶目前周邊的朋友，進入婚姻的並不多，大多熱愛工作，全心

投入在職場上。另一方面，她的生活重心也不是放在感情上面，所以目前並不考慮婚姻的問題。

「之前有位老師問過催促她結婚的家人一句話：『如果嫁得不好難道你要負責嗎？』」易伶覺得自己是非常獨立的女性，因此對婚姻也持有不同的看法：「若婚姻不能讓兩個人一加一大於二，這個婚姻就沒有一定非結不可的必要性。」

但她並不排斥婚姻，所謂隨遇而安，人生旅程上若有另一半支持更好。他的創業過程常得把自己也當男人用，有時候還自己鑽牆壁，想來有點心酸。因此，若遇到相知相惜的人她樂於接受。但若沒有適合人選，目前的單身生活也過得很愜意，並無遺憾。

提起「鑽牆壁」，令人頗訝異的是，以易伶細皮嫩肉的形象，居然鑽得動牆壁。

說起這方面，很有「男子氣勢」，鑽牆壁自己來的易伶卻很有共鳴：「生活上我也是有些迷糊，有時找了半天的鑰匙，竟然在冰箱出現，也常找不到充電器。」因此，為了方便，她的手機電源線買了不下10條，以「每個地方都有」，力克他的「四處都找不到」，所以，易伶的好朋友常常會拿她沒辦法地說：「易伶啊！如果你的人生有80年，大概有70年都在找東西吧！」

我現在會很神經質地常常會檢查包包，看看鑰匙跟手機是否都在。」

但說起未婚的長輩催促壓力，易伶仍無法免除。

「家庭聚會時還是有長輩會提起，但日子是我在過的，我不會因長輩覺得我該結婚而去結婚。」

謝易伶

　　這方面易伶依然如她的創業魄力般，有所定見。

　　其實，沒有男女之間的感情的人生，並不會讓女人難以生存。這時候，朋友就非常重要，朋友不一定都是同性的手帕交或哥兒們，有時候異性的好朋友也能打成一片，甚麼都談。

實現少時願望 冰店有咖啡廳的氛圍

　　舞蹈對謝易伶而言，是年輕生命中一段閃亮的人生，你會在澎湖的大小活動中看到，她帶著一群辣妹上台展現與澎湖烈陽一般炙熱的火力。

　　那是一種生命力，一種讓人彷彿回到青春年少的渲染力，讓人感覺--年輕真好！青春的肉體自己也曾擁有過、也曾線條曲蜒過，但卻不曾，也沒有勇氣做如此的展現。

　　而這些女孩甚至男孩，紮紮實實地幫許多人完成了他(她)們不曾奢望的夢想。

　　而這個夢想架構者—謝易伶，卻在32歲時，從她的人生中轉業。

　　她收起了「飛凡動能舞蹈教室」，目前教舞的課程只在澎湖縣社區大學、科技大學社團以及國小等這些教育殿堂。

　　「飛凡」的結束營業著實令人驚訝，在澎湖地區的舞蹈團體裡，這是表現傑出的團隊，是屬一屬二的舞團，少掉「飛凡」，澎湖的演出活動便少了火力。

　　「舞蹈生命是短暫的，舞台更是現實殘酷。曾有朋友開玩笑說：『易伶啊！你難道不知道舞台有載重限制，還有年齡限制嗎？』」玩笑的語言卻道出觀眾性好年輕肢體的觀賞口味。

　　各行各業都需要有不同年齡、不同職齡的工作者去呈現事物不同的成熟度與美態。

　　年輕的活力與創新不容忽視，年長者人生歷練以及生命過程中深刻體驗所展現的深邃美麗，更不容輕覷。

　　因此，年齡不同但各自美麗。

　　以舞蹈生命而言，歷練不同、生命經歷不同，傳遞的訊息與美感便非一線。

　　國外不乏有舞者60高齡仍舞出曼妙，而5歲開始學舞的台灣舞蹈家羅曼菲，也堅持舞至生命最終。

　　重要的是賞者的心態，賞的是藝術或只是容貌與身形。

　　但易伶仍覺得「以長遠來看，舞蹈生涯是有限的。」她喜歡挑戰新事物，會了這項，想再接觸那項：「我希望讓下一輩去傳承，讓團員嶄露頭角。必須凡事親力親為做不久，這也不是我的人生規劃。」

　　她承認持續一段時間的教學之後，自己的熱忱已不及於其他老師「看到他們的投入，想起以前的我，其實也是這樣認真。」

　　因此，在舞蹈教學方面，她經營的「飛凡」其實長期在培養新教師，一年多前，「飛凡動能舞蹈教室」就有八位老師，都是澎湖新生代舞者。

　　但澎湖人口外流嚴重，難以培育新人才。

　　想來，轉業其實早有成因，但創業的過程確實辛苦，除籌備時的大小事務事必躬親，有時還得自己送原料來回於兩間店，老闆兼送貨員南北奔波。有一次在二崁遇見一位朋友，居然訝異地看著她說：「你怎麼淪落到來賣冰？」

　　「淪落」這兩字用得令人尷尬，當是認為賣冰不及舞蹈老師的地位？

　　既是如此，為何會選擇這

個行業？人說第一賣冰第二醫生，選擇冰品販售莫非也是因為這冰品的「高利」。

「在一次機緣中，我認識了一個產品研發團隊--紅果科技，深深被這些嶄新的飲食觀念所吸引。」

他們打破冰品店只賣刨冰或綿綿冰，幾張四方桌，一個刨冰機喀喀喀地削著冰塊的狹隘眼光，讓冰品店形象向上提升。

尤其是產品走向現代人需求的「安全」、「健康」，讓吃冰也能吃得很放心。

「拿掉色素，粉圓用最自然的仙人掌粉調色，變成嫩Q又具開胃色澤的粉紅色,可愛又營養，但相對的成本也比一般粉圓高很多。」

　　於是她經營的「掌上明珠」走比較高價位的路線，目前在馬公市區和二崁各有一間。

　　易伶年輕時的願望是開咖啡廳，所以她的冰店裝潢有咖啡廳的氛圍：「我從小就想開一間這樣的店，而且對餐飲業還抱有熱忱，再加上自己愛吃粉圓，也覺得產品很有可看性，有可看性就有錢景！」

　　掌上明珠的主力商品是冰品，剛開始也只有冰品，但最近推出了茶飲、特調果汁，邁向多元化的冰品店。

　　店內的冰品與飲料，大都是以澎湖本地的特色產品為主，相較於產品的研發，籌劃開店時所用的精力僅是九牛一毛了。

　　比如仙人掌烘焙茶，是將仙人掌冷凍後破碎成粉狀，再烘製成茶包，沒有咖啡因，沒有任何人工添加物，而且把營養成份充分留住，是非常自然且健康的茶品。

　　「仙人掌最大的營養是在皮跟籽，對身體很有幫助。還有湖西鄉產的風茹茶也很好，都是現代人喜好的食品」

　　令人驚奇的是「海菜綿綿冰」。

　　乍聽是由海中生物製成，都認為是鹹味的食品，但這「海菜綿綿冰」卻是不折不扣的甜冰品。

　　「現在的製作技術很先進，用海菜製作出來的綿綿冰不但沒有腥味，還留住它原有的特殊香氣，上面再淋上紅豆泥，有別於一般刻板印象，推出後反應很好。」

　　翠綠色的綿綿冰上，淋上暗紅色的紅豆泥，光看配色就能讓人食指大動，也由於口味特殊，到目前為止，點選「海菜綿綿冰」的顧客，都讓冰盤，盤盤見底，相當符合消費大眾口味。

　　「芝麻綿綿冰上面，佐以澎湖花生粉更是很合的一道冰點。」易伶忍不住補充，足見她對產品搭配的用心與信心。

　　產品用心，價位當然不低廉。

　　「羊毛出在羊身上，售價低廉，我就無法使用有品質的原物料，重成本免去的是化學原料的傷害，換來食品安全的保證。」
因此，價格的堅持，等同店家對品質保證的堅持。

　　「因為塑化劑及毒澱粉事件，讓我更明白品質是不能動搖的。大家都想賺錢，價錢一降低，品質也會跟著降低，我給消費者最好的保證就是，我的家人及員工天天都在吃自家商品，眼光要放遠，不能拿商譽開玩笑。」

　　謝易伶不擔心曲高和寡，她以自己的心為出發點，她說：「努力去做就對了！就算失敗也沒關係，

有謀生實力的人，不怕失敗。」

支持照顧演藝人員 莫將鄉親當備胎

　　長期在澎湖參與演出甚至跨足商業，謝易伶對故鄉藝界的前景頗有感嘆。

　　「希望各單位、團體或官方，思考一下自己的故鄉人，澎湖人『演藝人員』的生存空間。」對於主辦單位常要本地的演出團體「共體時艱」，或者認為是「施捨」給表演團體「曝光」、「宣傳」的機會，所以編列連治裝費或者交通費都不夠的演出費用，甚至要表演團體「順便」免費支援，她頗有感慨。

　　「一點都不順便，各單位不論公私部門，均無視本地專業人士背後的努力，經費不夠時懇求配合支援，經費充足，就忘了這些曾經支持過你的本地表演團體，花大錢找外地人表演，錢砸在外來演出團體，卻獨薄自己人。」

　　易伶曾經在主辦單位拿著外地演出團體的比賽經歷向她炫耀時，明顯地點出「這個獎項喔！我們名次高他一名，另外這個比賽，我們也比她成績還好……」但，姑且不論知名藝人的價碼，光是外來演出團體的差價，與她們演出的價錢，就差了十倍之多，再加上整團來往的交通、住宿費用，這費用的幾分之幾如果用在本地團體的邀請上，那是一個多大力量的支持。

　　還有一次是她們與外來團體一起演出，價碼的差距之遙就讓她領導的團體覺得自己是次等團體，更令人喪志的是，本地表演團體居然不能進去所謂的「表演團體

休息室」。還沒表演就矮人一截,如何能拿出實力。

這樣的待遇,她們只能眼淚往肚裡吞:「澎湖人自己把澎湖人當成備胎,人才外流的殺手是自己人、是澎湖人。」易伶很感慨:「以舞蹈教室來看,一個老師的養成需要長久時間,且不一定會跳就會教。從選歌、編舞、記分解動作、觀察學習反應、預防傷害,林林總總。過程一定有失敗,在挫折中特別需要人支持。希望本地單位調整心態,支持自己人、給自己人成長機會,打拼過程也是難能可貴,不能等到別人成功了才來分享她們的喜悅。」

如果你看不起澎湖的演出團體,是不是也代表你看輕了自己?外來的和尚真的比較會唸經?是的,因為許多認為自家和尚不會「唸經」的單位,給了多少外來和尚上台「練功」的機會,而這練習還得斥以重資邀請。人說「台上一分鐘,台下十年功」,沒有以前的十年哪來現在的一分鐘。你看到的是一個人舞台上的神情若定,侃侃而談,你看不到他一路走來努力的心血,受過的煎熬,你看不到他背後奮力而為的血淚。以為他就是上台說說、跳跳或唱唱,如此而已,對他而言似乎「很簡單」。

其實一點都不簡單。凡上過大型台面的人應該都

會有相同的體認。

「表演不是順便，不是人情，而是一個人價值的問題。」謝易伶炯炯的眼神益發明亮：「但是在這裡專業太便宜，價錢不代表你的價值。在外地表演不能透露在澎湖的行情，這會使人訝異，也貶低你的價值。」

想來，這也是易伶收下「飛凡」的原因之一。「就連舞蹈路上最給我支持力量的『小蘋果舞蹈班』程玉萍老師，都因為澎湖市場很辛苦而離開澎湖，還有多少人會因為這樣的原因，離開他最親愛的故鄉？」

培養、疼惜在地的演藝人員是非常重要的，給她們演出機會，給他們較優渥的酬勞、給他們足夠的尊嚴才易留住人才，地方才能更有前瞻，更有遠景，也才是澎湖之福啊！

階

圖.文/沈淩

我們循著
先人的足跡
前行
轉過那石階
便見桂花巷中
刷紅緩步的身影
日剛斜傾
遺留在階上的
是累年行步的
履痕

雙頭掛古厝屋外階梯

澎湖古厝,階梯在屋外的建築方式並不多見。雙頭掛
這小倉庫因頂上建著曬穀平台,因此將階梯建造於
外,成為許多村人孩時最深刻的記意。

沈淩詩卡019

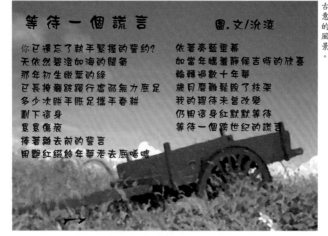

等待一個謊言　　圖.文/沈淩

你已遺忘了執手緊握的誓約？
天依然碧澄如海的闊象
那年初生嫩葉的綠
已長掩藏跛躅行虛弱無力底足
多少次胼手胝足攜手春耕
劃下這身
累累傷痕
捧著離去前的誓言
用艷紅綴飾年華老去底唏噓

依著亮藍垂幕
如當年嬌羞靜候吉時的欣喜
輪轉過數十年華
歲月磨難鬆弛了枝架
我的期待未曾改變
仍用這身紅默默等待
等待一個跨世紀的謊言

艷紅的牛車，為這地方輪轉過多少滄桑歲月，即便身已殘弱，仍靜默地獨守一方，為澎湖的土地增添一處古意的風景。

沈淩小卡-021

自妳眼前走過
圖.文/沈淩

那浪
自妳眼前走過
輕輕擦去
他在妳心中留下底
足跡
究竟是
了無痕印
或將痛
掩埋更深……

澎湖的貝殼沙灘，清亮的黃是旅人留戀底色澤。她們喜歡在大片的沙灘上印滿足跡，再讓潮水一陣陣抹去，重複著印記再抹滅如情感般底遊戲。

沈淩詩卡018

伴孤獨

圖.文/沈淩

孤獨
在你窗前遊走
要盡情掏光你的心
這夜請誰來為伴
網一天星光為窗花
點一圍松風成對影
聞落葉呢喃歡意
孤獨
她是二八年華底少女
雙頰緋紅
眸中斟滿名為溫柔的酒
不喝
也醉

海島的岸邊，住著許多木麻黃。五十年前、六十年前，甚至更早的百年前，她就在那裏，以身軀柔軟地為菊島禦風，如同母親護衛孩子的那雙羽翼，這剛柔並濟的線條，到底藏著對菊島多深切的愛……

泊

圖.文/沈淩

行旅
在匆匆潮住的汪洋
歸依
在繫繩牽引的一端

一生飄蕩底宿命
即使泊了岸　入了港
生命也未必從此
平順

一葉扁舟在菊島的洋裡飄盪，隨著潮水任他東西，恍如在茫茫人海中無所歸依底心。小小蚱蜢舟，怎堪載幾多愁……

專訪攝錄影群/澎湖社區大學廣播電視製作班

傾聽風的聲音

著　作　者/蔡惠苓
發　行　人/陳明山
出版顧問/蔡宗明
編輯美編/蔡惠苓
總　審　稿/謝愛陵
封面題字/張隆城
封面製作/呂國正(澎湖鎮海沙灘)
封面、封底設計/蔡惠苓
採訪紀錄/古昀仙　陳瑋倫
校　　　正/金林聖　金郁安
照片提供/澎湖國家風景管理處　澎湖縣議會議長辦公室
　　　　　澎湖日報莊惠惠　張隆城　趙嘉協　賴光明
　　　　　商累愛　林明勇　謝易伶　蔡財興　顏文彬
　　　　　林連守
採訪攝影/廖雅惠　澎湖社區大學廣播電視製作班
　　　　　(郭永裕　古昀仙　張碧真　林育德　王亭又
　　　　　蔡佳汶　林軒宏)
插　　　圖/柳言敏　洪閒芸　陳正筆　呂國正
出版日期/2015年4月18日

傾聽風的聲音 訂購單

訂購人：＿＿＿＿＿＿＿＿＿＿＿＿＿＿＿

本　　數：＿＿＿＿＿＿＿＿＿＿＿＿＿＿＿

聯絡市話：＿＿＿＿＿＿＿＿＿＿＿＿＿＿＿

行動電話：＿＿＿＿＿＿＿＿＿＿＿＿＿＿＿

寄貨地址：＿＿＿＿＿＿＿＿＿＿＿＿＿＿＿

請將購書資料寄至信箱

傾聽風的聲音　　　定價：300元

購書專線/0976263770　0937300634
匯款帳號/中華郵政(銀行代號700)
　　　　戶名:金郁安0241068-0280054
E-mail/lingsn2015@gmail.com
澎湖地區經銷點/
馬公市:北辰書局(中華路95號)、金鼎畫廊(中華路45號)
　　某個角落(中正路29號)、掌上明珠(民族路15號)
　　髮格美髮沙龍(光復路211號)
湖西鄉：南寮有機農場展示館　0921291647

ISBN 978-957-43-5198-5(　　　)

心情點播

心情點播

心情點播

心情點播

心情點播

心情點播

心情點播

心情點播

心情點播

心情點播